모두의
가로세로 **낱말퍼즐 추리**

#두뇌트레이닝 #어휘력 #스트레스해소

기명균 지음

보누스

모두의 가로세로 낱말퍼즐 추리

#두뇌트레이닝 #어휘력 #스트레스해소

1판 1쇄 펴낸 날 2021년 11월 15일
1판 3쇄 펴낸 날 2023년 11월 10일

지은이 기명균

펴낸이 박윤태
펴낸곳 보누스
등   록 2001년 8월 17일 제313-2002-179호
주   소 서울시 마포구 동교로12안길 31 보누스 4층
전   화 02-333-3114
팩   스 02-3143-3254
이메일 bonus@bonusbook.co.kr

ⓒ 기명균, 2021

ISBN   978-89-6494-521-6 04700

2019년 4월에 《모두의 가로세로 낱말퍼즐》이 출간되었습니다. 신기했습니다. 알라딘에서 제 이름을 검색해보기도 하고, 영풍문고 매대에서 발견한 제 책을 인스타그램에 올리기도 했습니다.

그 후로 2년 반이 지났습니다. 꽤 많은 게 바뀌었습니다. 새 회사로 이직한 지 한 달이 채안 되었을 때 책이 나와 회사에 막 자랑하지도 못했는데, 이젠 3년 차 '고인물'이 되었습니다. 《모두의 가로세로 낱말퍼즐》을 가장 처음 인스타에 인증해줬던 친구와는 부부가 되었습니다. 그리고 코로나19… 더 이상의 설명은 생략하겠습니다.

물론 변하지 않은 것도 있습니다. 저는 여전히 퍼즐을 만듭니다. 〈대학내일〉에서 에디터로 일하던 2014년, 〈어벤져스 2〉 개봉에 맞춰 마블 캐릭터 특집 낱말퍼즐을 만들었던 게 시작이었습니다. 그러다 '기명균의 낱말퍼즐'이라는 코너를 3년 정도 연재했고, 책을 두 권 냈습니다. 지금은 매주 낱말퍼즐 뉴스레터 '퍼줄거임'을 만들어 구독자분들께 보내드립니다.

저는 유행처럼 생겨났다 사라지는 신조어를 그리 좋아하지 않습니다만, 유난히 입에 딱붙는 말이 있습니다. 'OO에 진심이다.'입니다. 춤에 진심이다, 마라탕에 진심이다, 비트코인에 진심이다…. 아직까지는 저보다 낱말퍼즐에 진심인 사람, 아직 못 봤습니다.

만약 저 같은 분이 있다면 꼭 한번 만나뵙고 싶습니다. 그분이 만든 퍼즐을 감사히 풀고, 제가 만든 퍼즐을 수줍게 건네고, 상대방의 퍼즐을 추어올리고, 때론 날카로운 피드백을 던지고, 힘을 합쳐 100×100 퍼즐에 도전하고….

망상은 여기까지 하고, 이만 줄이겠습니다. 이 책을 집어든 여러분은 쓸데없는 주절거림 보다는 네모칸 가득한 낱말퍼즐을 더 원하실 테니까요.

이렇게 말하고 보니 새삼 감사하네요. '언제적 낱말퍼즐이야 ㅋㅋ(물론 전 이 말에 동의하지 않습니다. 저의 낱말퍼즐은 항상 최신입니다)'라고 비웃을 법도 한데 책까지 사서 퍼즐을 풀어주시다니. 저는 여러분 덕분에 외롭지 않습니다. 여러분도 퍼즐을 풀 때만큼은 외롭지 않도록, 앞으로도 열심히 꾸준히 만들겠습니다.

기명균

#모두의 가로세로 낱말퍼즐 추리

문 제

1

가로 열쇠

1 가수들이 무대 위에서 노래를 하지 않고 입 모양만 움직여 부르는 시늉을 하는 것. 보통 이것을 하는 이유는 안무가 격렬해서이거나, 노래 실력이 부족해서이거나.

2 유비, 관우, 장비, 제갈공명, 조자룡, 조조, 사마의, 태사자, 마초, 손권, 주유, 육손, 여포, 초선, 적토마, 청룡언월도, 장팔사모, 연환계….

3 맥주 안주나 간식으로 자주 먹는 음식. 생선을 말려 납작하게 눌러 만든다. 이름에 포유류 동물의 이름이 들어가지만 관련은 없다.

4 과거 일본 술집에서 춤이나 노래로 흥을 돋우는 역할을 했던 여성. #○○○의추억

5 14세기와 16세기 사이 이탈리아를 비롯한 유럽 지역에서 나타난 문화 운동으로, 중세와 근세를 구분 짓는 시기로 보기도 한다. #부활 #재생

6 문학 작품의 시작과 끝을 같거나 비슷한 구조(혹은 내용)로 일치시킴으로써 의미를 강조하는 기법을 뜻하는 용어.

7 배우 김상중이 드라마나 영화가 아닌 시사 교양 프로그램에서 만들어낸 유행어. #그것이알고싶다

8 '돌 하나로 두 마리의 새를 잡는다.'라는 뜻의 사자성어. #꿩먹고알먹고 #도랑치고가재잡고 #님도보고뽕도따고

9 1990년대 터프가이의 대표격으로 꼽혔던 배우. 색소폰 부는 모습과 칫솔질하는 장면(?)이 유명하다. #사랑을그대품안에 #애라야

10 화장품이나 액세서리 등을 보관하기 위해 들고 다니는 작은 손가방.

세로 열쇠

11 동남아시아에 위치한 도시 국가. 인구가 적어 600만 명이 채 되지 않지만 경제가 발달해 1인당 GDP는 매우 높은 수준이다. #리콴유

12 ○○○도 밟으면 꿈틀한다.

13 스마트폰을 비롯해 다양한 IT 기기를 개발하고 제조하는 중국 업체. 그동안 중국 기업들이 신뢰할 만한 제품을 못 만들었던 것에 비해 이례적으로 질 좋고 저렴한 제품을 만들어내 '대륙의 실수'라는 수식어를 얻기도 했다.

14 한국 대통령은 청와대에, 미국 대통령은 ○○○에.

15 현생 인류인 '호모 사피엔스 사피엔스' 이전인 35만 년 전 유럽에 처음 나타난 종으로, 스스로 불을 피워 사용했다고 알려져 있다.

16 알파벳 'Z' 혹은 '갈 지 자(之) 모양'의 무늬 혹은 움직임의 형태를 가리키는 말.

17 금속을 두드려 기구를 만드는 기술을 가진 사람은 '대장장이', 멋 부리기 좋아하는 사람은 '멋쟁이', 양복 만드는 기술을 가진 사람은 '양복장이', 말수가 많아 평소 떠들기를 좋아하는 사람은 '○○○○'.

정답: 108쪽

18 사랑하는 사람을 오랫동안 보지 못해 그리워하는 데서 생기는 '마음의 병'을 가리키는 말. #○○○엔약도없다

19 2018 러시아 월드컵에서 한국 국가대표팀의 골문을 지킨 선수. #빛빛빛

20 평등한 위치에 있는 두 대상을 자의적인 이유로 불평등하게 대하는 것을 가리키는 말. "선생님! 왜 쟤만 예뻐해요? 지금 ○○하시는 거예요?"

2

1 ① 여름에 자주 먹는 것. ② 선풍기 앞에서 먹으면 금방 녹아버리기 때문에 조심해야 한다. ③ Thirty one.
2 매우 기뻐하며 즐거워하는 모습을 가리키는 사자성어.
3 뱀, 이구아나, 도마뱀, 카멜레온, 악어 등이 속해 있는 동물군으로, 온몸이 비늘로 덮여 있다. #양서류말고
4 가부장제의 여성상. '자식에게는 어진 어머니이자, 남편에게는 착한 아내'란 뜻의 낱말. #옛날말 #신사임당은○○○○가아니었다
5 땅이 흔들리고 갈라지는 현상. 최근 몇 년간 경주에서, 또 포항에서 이것이 발생해 많은 사람들을 놀라게 했다.
6 급할 때 사용하기 위해 비축해둔 돈. 부부 지간에는 이것이 있느냐 없느냐를 놓고 눈치싸움이 벌어지기도 한다.
7 목적을 달성하기 위해서 수단과 방법을 가리지 않고 취하는 온갖 계략을 가리키는 말. #○○○○가난무하는세상
8 서울특별시 강남구 삼성동 수도산에 위치한 절. 고층 빌딩이 들어선 사이에 있어 직장인들의 산책 코스가 되어주기도 한다. #9호선
9 사이좋은 두 사람을 갈라놓기 위해 상대방의 말을 과장, 왜곡해서 옮기는 행위. 꼭 험담을 좋아하는 사람이 이것을 한다.
10 "요즘 누가 ○○해? 다들 카톡하지."

11 ① ○○○○ 숫자. ② 사우디○○○○. ③ 앗싸-○○○○?
12 어젯밤에 우리 아빠가 다정하신 모습으로 한 손에 사 가지고 오신 것. #그럴것은너무많은데
13 문제가 생겼을 때 근본적인 잘못을 저지른 A와 B 대신 C에게만 비난이 쏟아지면, 그 사람을 가리켜 '○○○이 되었다.'라고 한다. #scapegoat
14 한화 이글스, 메이저리그 LA 다저스를 거쳐 토론토 블루제이스에서 활약하고 있는 야구 선수. #왼손투수 #99
15 세상을 살아가는 데 있어 다른 사람들과 관계를 맺는 방법. 특히나 직장에서 이 ○○○이 필요할 때가 있다. "저 과장은 알랑방구 잘 끼는 게 자기만의 ○○○이래." #데일카네기 #자기계발
16 몽골고원 내부에 있는 거대한 사막. 동쪽에서 서쪽까지 1,600km에 달한다. 앞 두 글자는 몽골어로 '풀이 잘 자라지 않는 거친 땅'이라는 뜻이다.
17 "○○ ○ ○○ 마법처럼 날 묶어왔던 사슬을 벗어 던진다~ 지금 내게 확신만 있을 뿐… 남은 건 이제 승리 뿐!"
18 디즈니 애니메이션 〈정글북〉의 주인공. 아기 때 숲속에 버려져 늑대들에 의해 키워진다.
19 조카인 단종의 왕위를 빼앗은 조선 제7대 왕. ○○○○으로 많이 알려졌다. #계유정

정답: 108쪽

난 #김종서

20 "이상으로 발표를 마치겠습니다. ○○ 있
   으신 분?"

9

3

가로 열쇠

1 ① "마주치는 눈빛이 무엇을 말하는지 난 아직 몰라 난 정말 몰라 가슴만 두근두근 아아 사랑인가봐" ② "난 너를 원해 냉면보다 더 난 니가 좋아 야구보다 더" ③ "혼자 나누는 사랑도 아름답지만 오늘 같은 새벽에 이런 뻔한 노랠 누가 듣는다고"

2 에스토니아, 라트비아와 함께 '발트 3국'으로 불리는 유럽 국가. #수도는빌뉴스

3 스파르타, 아테네, 파르테논 신전. #○○○로마신화

4 여러 명이서 한 명을 괴롭히고 따돌리는 행위 혹은 그 피해자를 가리키는 말. #일본에선이지메 #난○○가아니야 #내가너희모두를○○시키는거야

5 흔히 기분이나 몸 상태를 뜻하는 외래어. "오늘은 ○○○이 좀 안 좋아서 집에 일찍 들어가야겠어." #숙취해소음료의대명사

6 '밤하늘에 반짝이는 수많은 별'을 뜻하는 말. "2002년 한국 국가대표팀은 포르투갈, 이탈리아, 스페인 등 ○○○ 같은 축구 강국들을 물리치고 월드컵 4강에 올랐다."

7 성질이 까다롭지 않아 무던하고 순하다. #○○○하다

8 어떤 일이 흔하게 자주 일어날 때, 이런 상황을 가리키는 사자성어. "몇 년 전까지만 해도 이런 일이 ○○○○했어." #한두번이아니다

9 1916년 소태산 박중빈이 창시한 종교. #원광대학교

10 외부의 자극이 있을 때 빠르게 반응하는 것. 축구에서 골키퍼는 ○○○○이 뛰어날수록 더 높은 평가를 받는다.

세로 열쇠

11 ① 보통 높은 곳에 올라가기 위해 사용하는 도구. ② "날씨도 더운데 ○○○ 타서 아이스크림 먹읍시다!" #띠리디리딘띤 #띠리디리딘띤 #내기게임

12 윌리엄 셰익스피어의 4대 비극 중 하나. 한 왕과 그의 세 딸들에 대한 이야기다.

13 발음 때문에 아이언맨이 '○○'으로 만들어졌다고 착각할 수도 있는데, 사실 아무 관련이 없다. #아이언은Fe #○○은Zn

14 기대했던 것이 성사되지 못했을 때 느끼는 감정. #신촌블루스 #별빛같은너의눈망울에이슬방울맺힐때

15 북유럽에 위치한 특정 지형을 가리키는 말. 이 지역에 위치한 노르웨이, 스웨덴, 덴마크 등을 묶어 부를 때 뒤에 두 글자를 빼고 '○○○○○○'라고 부른다.

16 겨울마다 한국을 찾는 대표적인 겨울 철새로, 수십 년 전 한반도에서 멸종되었으나 최근 들어 복원 사업을 벌이고 있다. #보일듯이보일듯이보이지않는

17 1994년 10월 21일 붕괴되어 국민들에게 충격을 안겨주었던 한강 다리. #동호대교와영동대교사이

18 훈민정음을 창시한 세종대왕이 이를 시험해보기 위해 학자들을 시켜 펴내게 한 책.

				2					
1									
	11			12		13		14	
3				4					
		15			16				
	5			6					
						17			
						7			
	18							19	
8									
					20				
				9					
		10							

정답: 109쪽

훈민정음으로 쓰인 최초의 책이다. 권력자에 대한 찬양을 비유적으로 말할 때 쓰이기도 한다.

19 우리 사랑은 눈부시게 눈부시게 시작됐지만 이제는 지워진 ○○ ○○○. #오늘밤만 은그댈위해서 #송윤아

20 멀리 있는 물체를 보기 위해 발명된 도구. #telescope

4

가로 열쇠

1 날씨가 따뜻해짐에 따라 수시로 몸이 피곤해지고 졸음이 밀려오는 현상. #점심먹고나서 #오후1시에서2시사이

2 음식이 상하지 않도록 차갑게 보관할 수 있는 가전제품. #○○○를열면 #얼음도있고 #생수도있고 #오래된반찬도있고 #먹다남은치킨도있고

3 화산 활동으로 인해 만들어진 돌. 구멍이 송송 뚫려 있는데, 이는 용암이 식을 때 가스가 빠져나온 흔적이다. 제주도에서 특히 많이 볼 수 있다.

4 마상=마음의 상처 / 혼코노=혼자 코인 노래방 / 아아=아이스 ○○○○○.

5 서울 지하철 4호선과 6호선이 만나는 지하철 환승역. #전쟁기념관

6 아픈 학생들을 위해 학교 내에 만들어진 공간. 지금은 정식 명칭이 '보건실'로 바뀌었으나 1990년대까지만 해도 '○○○'이었다. #농땡이

7 이것 덕분에 길을 잘 몰라도 목적지를 찾아갈 수 있다. 요즘 이거 없는 차 거의 없다. #아이나비 #티맵

8 돈 대신 쓸 수 있는 것. 백화점 ○○○, 문화 ○○○, 도서 ○○○, 구두 ○○○.

9 동남아시아에 위치한 국가. 한국에서는 ○○○ 쌀국수가 유명하고, ○○○에서는 한국인 박항서가 유명하다.

10 2008년 국가대표팀에 처음 발탁되어 10년 넘게 활약했고, 지난 1월 아시안컵을 마지막으로 은퇴했다. #답답하면니들이뛰든가

세로 열쇠

11 폐허가 된 정신병원을 배경으로 하는 한국 공포영화. 2018년 개봉하여 국산 공포영화로는 드물게 260만이 넘는 관객을 동원하며 신드롬을 일으켰다. #그놈의조회수

12 볶아 먹고, 데쳐 먹고, 무쳐 먹는 식물. 특히 육개장에 이게 빠지면 곤란하다. #○○○같은손

13 두산중공업의 시작은 ○○○○이었다. 1962년에 현대그룹 명예회장인 정주영의 동생, 정인영 한라그룹 회장이 창업했던 회사. #뒤에두글자힌트는유한○○

14 강한 햇빛이 내리쬘 때 지면에서 뜨거운 공기가 올라오면서 먼 곳의 물체가 흔들리는 것처럼 보이는 현상. #○○○○가피어오르다

15 노란 깃털을 가진 애완용 새. 노란색 유니폼을 입는 브라질 축구팀을 '○○○○ 군단'으로 부르며, 위험을 일찍 알아차리는 사람을 '광산의 ○○○○'로 비유하기도 한다.

16 출근할 때는 구두를 신고 가더라도, 사무실 안에서는 ○○○로 갈아신는 게 편하죠.

17 동물 혹은 사람이 지나치게 흥분하거나 괴로울 때 입에 무는 것. #멀쩡히잘자던우리뽀삐가갑자기○○○을물고쓰러졌다

18 발레와 달리, 규정된 형식에 갇히지 않고

12

	1			**2**				
		11				12		
3				**4**				
13			**5**	14			15	
6								
		16						
		7						
			17				18	
		8						
		19		20				
	9							
			10					

자유롭고 개성 있는 표현력을 강조하는 무대 예술. 미국에서는 20세기 초반 처음 만들어졌을 때부터 'Modern dance'로 불린다.

19 방탄소년단의 2014년 히트곡. #왜내맘을흔드는건데 #되고파너의오빠

20 부부 혹은 커플이 일정 시간이 지난 후 서로에게 시들해지는 시기. 'OOO를 극복하려면 어떻게 해야 할까요?'

13

5

가로 열쇠

1 본인을 효과적으로 알리기 위해 항상 들고 다니는 손바닥만한 종이 한 장. 이름, 소속, 직무, 연락처 등의 정보가 들어가는 것이 보통이다. #요즘은디자인도중요 #리멤버

2 쉽게 결정을 내리지 못하고 망설이기만 하는 사람을 가리키는 사자성어. #우물쭈물 #결정장애 #짜장이냐짬뽕이냐 #물냉이냐비냉이냐

3 '5대양 6대주'에서, '6대주' 중 하나. #유럽말고 #아프리카말고 #남아메리카북아메리카말고 #오세아니아말고

4 소고기 부위 중 하나로, 매우 얇고 부드러운 것이 특징이다. 주로 구워 먹거나, 된장찌개에 넣어 먹는다.

5 잡티를 가려주는 화장품. #AA크림과CC크림사이 #AA크림은없다

6 농심의 대표적인 라면 브랜드. 라면 이름처럼, 다른 라면에 비해 살짝 매콤한 맛이 특징이다. #사나이울리는

7 충무공 이순신 장군이 임진왜란에서 왜적을 무찌르는 군함으로 활용했던 배. #우린○○○다른배들통통

8 용변을 보고 나서 물로 청결한 마무리를 하기 위해 좌변기에 설치하는 것. #신세계 #렌탈

9 ① 박중훈, 안성기가 주연을 맡은 이준익 감독의 영화. ② 김국진, 김구라, 안영미 등이 진행하고, 매주 여러 명의 게스트가 출연하는 MBC의 장수 토크쇼. #다음주에만나요제발

10 무굴 제국의 황제가 아내를 위해 지었다고 알려지는 무덤이자 이슬람 건축물.

세로 열쇠

11 요즘은 거의 사라졌지만, 결혼하기 전 신부 집에 가서 "함 사세요~"를 외치던 신랑의 친척 혹은 친구. 마른 오징어로 얼굴을 가린다.

12 지금까지 살아오면서 수없이 잃어버렸고, 그때마다 '잘 챙겨야겠다'고 생각하지만 분명 앞으로도 여러 차례 잃어버릴 그것. #어느새빗물이내발목에고이고

13 칼로리가 낮고, 식이섬유가 풍부하고, 달달한 맛이 나는 식재료. 망설임이 없고 단호한 사람을 가리켜 '○○○'이라 부르기도 한다.

14 나 자신을 잊어버릴 만큼 한 가지에 집중한 상태를 가리키는 사자성어.

15 '메뉴판'의 다른 말.

16 짐 캐리, 케이트 윈슬렛, 커스틴 던스트, 마크 러팔로 등이 출연한 미셸 공드리 감독의 대표작. #슬픈기억을지울수있다면행복할까

17 ① 바이올린, 첼로, 콘트라베이스와 한 카테고리로 묶이는 현악기. ② 지금은 비가 오지 않지만 곧 비가 올까 봐 걱정하는 말.

18 어려서 부모님을 잃고 계모와 언니들에게 구박을 당한 인물. #나는○○○○일낼라

19 애니메이션 〈슈렉〉 시리즈에 등장하는 공

	1			**2**					
	11			12			13		
14									
3				**4**					
				15			16		
	5								
		17							
	6				**7**				
	18								
8									
				19		20			
9									
			10						

정답: 110쪽

주의 이름.

20 "네가 나를 모르는데 난들 너를 알겠느냐 /
한치 앞도 모두 몰라 다 안다면 재미없지"

#알몸으로태어나서옷한벌은건졌잖소

6

1 일할 때 입기 편한 청색 바지. #리바이스 트라우스 #리바이스진

2 자기 의지와 상관없이, 심지어 지난 밤 잠을 충분히 잤음에도 갑자기 기절하듯 잠에 빠져드는 증상.

3 보통 '가깝고 먼 나라'라는 수식어가 붙는 아시아 국가. 한국을 식민 지배했던 역사가 있지만, 지금까지도 제대로 된 사과를 하지 않아 독일과 비교되곤 한다.

4 짙은 안개가 근방 5리까지 퍼져 있어 한치 앞도 보이지 않는 상황을 가리키는 사자성어. "올 시즌 어떤 팀이 우승할지는 ○○○○이야."

5 참된 이치 또는 참된 도리. #명제 #논리 #판단 #사유

6 한국장학재단으로부터 돈을 빌려 대학교 등록금을 낸 다음, 졸업 후까지 갚아나가는 제도.

7 검정, 회색, 흰색으로만 표현된, 컬러가 없는 사진을 가리키는 말.

8 티베트 망명 정부의 정신적 지도자를 가리키는 말로, 인도 다람살라에 가면 그가 여는 법회를 들을 수 있다. #○○○○○의행복론

9 ① 네모난 과자. ② 침대. ③ "좋은 소식이 있습니다. 박명수 씨는 ○○○가 아니었습니다~!" #그립다무한도전

10 이탈리아 밀라노의 명품 패션 브랜드. 도메니코 돌체와 스테파노 ○○○가 함께 만든 브랜드다. #돌체앤○○○

11 인간의 신체(physical), 감정(sensitivity), 지성(intellectual)이 주기에 따라 오르내린다는 학설. 한때 신빙성이 있는 것처럼 받아들여졌으나, 지금은 '유사과학' 취급을 받는다.

12 지하철(카드): 1250원 / 버스(카드): 1200원 / 택시: 3800원.(서울 기준)

13 초등학교 - ○○○ - 고등학교.

14 창비, 문학동네, 황금가지, 교학사, 문학과지성사, 민음사, 서울문화사, 시공사, 열린책들, 은행나무, 마음산책, RHK, 그리고 보누스.

15 ① '수영을 매우 잘하는 사람'을 두 글자로 줄이면? ② 족제비과의 포유류로, 귀엽게 생겼다.

16 생마늘을 숙성시켜 특유의 매운맛을 달콤한 맛으로 바꾼 것. 피로해소에 도움이 되고 항암 효과가 있다고 알려져 '보양식'으로 인식되어 있다.

17 지금은 방영되지 않는 MBC의 인기 예능 프로그램. 연예인들이 군부대에서 훈련을 체험하는 버라이어티였다. #샘해밍턴의바나나라떼 #헨리의넥슬라이스 #부모형제나를믿고단잠을이룬다

18 악어를 트레이드 마크로 하는 브랜드가 2개 있는데, 하나는 크로커다일이고 하나는 ○○○○다.

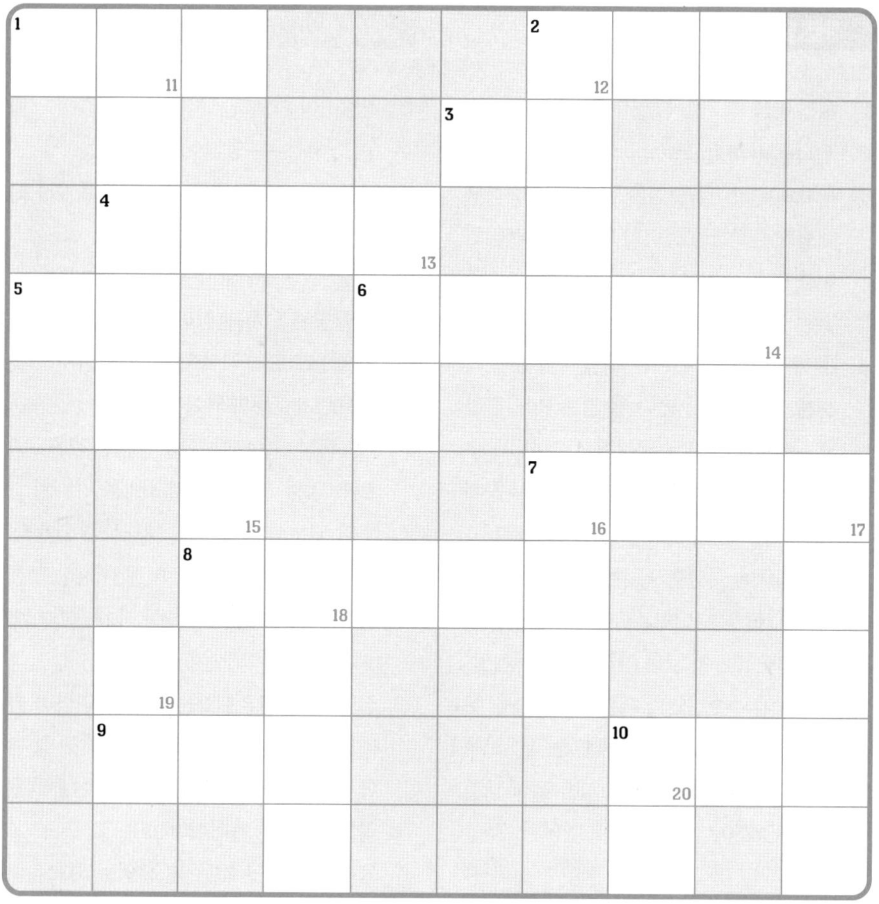
1
2
11
12
3
4
13
5
6
14
7
15
16
17
8
18
19
9
10
20

정답: 110쪽

19 기온이 낮을 때 유리나 벽 안쪽에 수증기 가 얼어붙어 생기는 것. 보통 냉장고 안에 자주 생긴다.

20 커피의 옛말. 커피라는 영단어의 발음을 흉내 낸 말이다.

7

가로 열쇠

1 허리 아플 때 가면 침 놓아주는 곳.

2 'Federation Internationale de Football Association'. 월드컵을 비롯한 국제 축구 대회를 주최하는 곳이자 유명 축구 게임의 이름. #위닝일레븐아닙니다 #국제축구 연맹

3 ① 루시드폴의 히트곡. "나를 고를 때면 내 눈을 바라봐줘요 난 눈을 감는 법도 몰라 요 / 가난한 그대 날 골라줘서 고마워요 수 고했어요 오늘 이 하루도" ② 소설가 공지 영의 대표작. ③ 등 푸른 생선의 대표격.

4 조선시대에 김정호가 만든 지도 이름.

5 "달아달아 밝은 달아 / 이태백이 놀던 달아 / 정월에 뜨는 저 달은 / 새 희망을 주는 달"

6 목욕탕에서 손님들의 때를 벗겨주는 등 목 욕을 도와주는 사람을 가리키는 말. 보통 '때밀이'라고 많이들 부르지만 정식 명칭 은 'ㅇㅇㅇ'이다. #듣기에도때밀이보다는 ㅇㅇㅇ가낫다

7 원운동을 하는 물체에 나타나는 힘. 관성 에 따라 원의 중심에서 멀어지려 한다.

8 아이들이 부르기 쉬운 멜로디와 공감 가는 가사로 만들어진 노래.

9 미국의 시리얼 회사. #콘푸로스트 #첵스 초코 #그래놀라

10 연극이나 영화 등에서 연출가 혹은 감독이 시각적인 요소들을 배열하는 작업을 가리 키는 말. #이영화는ㅇㅇㅇ이뛰어나 #ㅇ ㅇㅇ단편영화제

세로 열쇠

11 사람이나 사물의 소리를 흉내낸 말. #짹짹 #야옹야옹 #깔깔깔 #엉엉 #쿨쿨

12 대한민국 최남단에 위치한 섬으로, 이곳에 가려면 제주도를 거쳐 가야 한다. #짜장면 시키신분 #서귀포시대정읍

13 '탑골공원'으로 명칭이 바뀐 서울 종로구 의 공원으로, 1919년 3·1운동 당시 이곳 에서 만세운동의 싹이 텄다.

14 양떼목장, 고랭지 등으로 유명한 강원도의 고개. 영동 지방과 영서 지방을 나누는 기 준이 되는, 태백산맥의 대표적인 고개다. #양떼목장

15 걸려온 전화를 받을 때 제일 먼저 하는 말. #내가도지삽니다 #이러면안되고요

16 집마다 하나씩은 있는 물건. 다이어리 속 에도, 핸드폰 속에도 있지만 그래도 집 벽 에 하나쯤 걸어두는 것. 30일에 한 번씩은 꼭 '넘기거나' '뜯어줘야' 하는 것.

17 음식의 단맛을 내는 데 쓰이는 화학조미 료. 설탕에 비해 적은 양으로도 훨씬 더 강 한 단맛을 낸다.

18 산삼을 캐겠다는 일념으로 산을 찾는 사람 들. 그들의 대표 대사. "심봤다!"

19 "ㅇㅇㅇㅇ 그리려다 무심코 그린 얼굴 내 마음 따라 피어나던 하얀 그때 꿈을 풀잎 에 연 이슬처럼 빛나던 눈동자 동그랗게 동그랗게 맴돌다가는 얼굴" #얼굴 #이게 [가로 열쇠 8번]다

20 여름철에 찾아오는 기후 현상으로, 이 기

간에는 여러 날 동안 계속해서 비가 내린

다. #장화 #꿉꿉한날

8

1 "어차피 막판으로 가면 쟤들 다 죽어" "나 그 영화 봤는데 결말에 어마어마한 반전이 있어. 그게 뭐냐면…." #그입닥치지못할까

2 윤종빈 감독의 대표작. 하정우가 사이코패스 연쇄살인범을, 김윤석이 그를 쫓는 형사를 연기했다. #야4885 #개미슈퍼

3 사물의 가치 혹은 사람의 능력 등을 평가하는 데 기준이 되는 것. 원래는 금의 품질을 판단하기 위한 돌을 뜻한다.

4 코끼리의 코 양옆으로 길쭉하게 튀어나온 이를 가리키는 말.

5 극장에서 영화가 시작되기 전, 화재 시 대피할 수 있는 ○○○ 안내 영상을 볼 수 있다. #초록색

6 집을 옮길 때 일일이 짐을 싸고 옮길 필요 없이, 이사 당일에 알아서 싹 다 해주는 서비스. #견적서 #이삿짐센터

7 어떤 순간의 판단 혹은 결정이 훗날 딱 맞아떨어졌을 때, 이를 가리켜 '○○ ○ ○'라 부른다. #정우성 #당신이이책을구입한건○○○○ #onechoiceofgod

8 아르헨티나에서 태어나 쿠바의 반정부 혁명을 이끈 정치가. 〈타임〉에서 선정한 20세기 가장 영향력 있는 인물 100인 중 하나다.

9 산과 바다를 이룰 정도로, 많은 사람이 모여 있는 모습을 가리키는 말.

10 미국과 유럽 등지에서 샐러드용으로 먹는 고급 채소. 또는 구워서 스테이크에 곁들여 먹기도 한다.

11 국토 면적이 가장 넓은 나라. 전 세계 면적의 10%가 넘는다. 냉전시대 미국과 대립했고, 지금도 호시탐탐 국제 정치에 영향력을 행사하려 기회를 엿보고 있다. #아이고추워라

12 2018년 9월 24일 / 2019년 9월 13일 / 2020년 10월 1일 / 2021년 9월 21일.

13 구두쇠, 짠돌이, 수전노. 굴비 살 돈이 아까워서 굴비를 천장에 매달아 놓고 밥 한 숟갈 먹고 굴비 한 번 쳐다보며 "어으 짜다~"라고 얘기했다는, 지독한 일화로 유명하다.

14 경상북도 포항시 남구에 위치한 지역. 몰디브에 모히또가 있다면, ○○○에는 과메기가 있다.

15 중국의 정치 수도가 베이징이라면, 경제 수도는 이곳이다. "중국 수천 년의 역사를 보려면 시안(西安)을 보고, 수백 년의 역사를 보려면 베이징(北京)을 보고, 수십 년의 역사를 보려면 ○○○를 보라." #트위스트를추려면설운도를보라

16 애인이 군대 간 사이 다른 애인과 바람이 나면 흔히 이렇게 이야기한다. '○○○ 거꾸로 신었네'

17 ① 일제강점기 농촌에서 계몽 운동을 벌이는 남녀를 그린 소설. ② 대야미−반월−○○○−한대앞−중앙−고잔. ③ 늘 푸른 나무.

여 먹기도 한다.

					2				
1				11		12		13	
		3							
	4								
14		15					5		
				16				17	
6									
18				7					
8									
19						9			
					20				
10									

정답: 111쪽

18 1955년 처음 문을 연 체육관. '한국 배구의 성지'로 꼽히고, 〈무한도전〉 레슬링 경기가 열린 곳이기도 하다.

19 베토벤, 분노, 웜, 트로이목마. #안철수

20 두 개의 바퀴 위에 한 사람 혹은 두 사람이 앉고, 앞에서 다른 사람이 끄는 형태로 움직이는 이동수단. 지금은 거의 볼 수 없지만 20세기 초 교통수단으로 많이 이용되었다.

9

가로 열쇠

1 근육을 키우기 위해 헬스장에 다니는 사람들이 단백질 보충을 위해 자주 먹는 것. 퍽퍽하다는 평이 많지만 의외로 이 '퍽퍽살'을 좋아하는 사람도 꽤 있다.

2 그때그때 처한 상황에 맞게 융통성 있게 대처하는 것을 가리키는 사자성어. #○○○○이뛰어나다

3 대한민국의 초대 대통령. "뭉치면 살고 흩어지면 죽는다."라는 말을 했지만, 정작 6·25전쟁이 났을 때 서울 시민들을 두고 먼저 남쪽으로 대피해 '국민을 버리고 도망갔다'는 비판을 받았다.

4 처음엔 그릇된 것처럼 보였던 일도 결국엔 모두 바르게 돌아간다는 뜻의 고사성어.

5 1920년 독일에 세워진 식품 제조사. 현재 국내에는 젤리 브랜드로 더 많이 알려져 있다. #GOLDBÄREN #HappyCola #Fruity-Bussi

6 ① ○○연쇄살인사건을 소재로 한 영화 〈살인의 추억〉. ② 베스트셀러 《○○에서 온 남자 금성에서 온 여자》. ③ Mars.

7 고대 이집트에서 왕릉으로 쓰였던 것으로 추정되는 건축물. #클레오파트라

8 일제강점기 때 조국을 배신하고 일본의 앞잡이 노릇을 하며 협력했던 사람을 가리키는 말.

9 좌향좌 – ○○○ – 뒤로돌아.

10 "○○○ ○을 지나 늪을 건너 어둠의 동굴 속 멀리 그대가 보여 / 이제 나의 손을 잡아 보아요 우리의 몸이 떠오르는 것을 느끼죠 / 자유롭게 저 하늘을 날아가도 놀라지 말아요 / 우리 앞에 펼쳐진 세상이 너무나 소중해 함께라면" #더클래식

세로 열쇠

11 집안이 화목하면 모든 일이 잘 이루어진다는 뜻의 한자성어. #화목하기만한집이어디어 #투닥거리면서정도들고그러는거지

12 대학로 연극계에서 '전설의 레전드'로 불리는 작품. 1998년 초연된 이후 꾸준히 사랑을 받으며 지금도 대학로에 가면 이 연극을 볼 수 있다. #RunforYourWife

13 〈장화홍련〉〈미안하다 사랑한다〉〈싸이보그지만 괜찮아〉〈행복〉〈전우치〉〈김종욱 찾기〉〈내 아내의 모든 것〉〈검색어를 입력하세요 WWW〉에 출연한 배우.

14 1997은 2012년, 1994는 2013년, 1988은 2015년.

15 메뚜기목에 속하는 곤충. 곤충 자체보다는 보일러 브랜드로 더 많이 알려져 있다.

16 아람단, 우주소년단, 해양소년단에는 남녀 모두 들어갈 수 있었다. 그러나 ○○○○○○는 남자만 들어가는 곳이었다. 그러던 것이 최근 몇 년 사이 여자도 가입할 수 있게 규정이 바뀌었고, 이후로는 아예 성별을 따로 구분하지 않는 이름으로 단체명도 바뀌었다. #미국 #BSA

17 미국 대통령 선거에서 가장 큰 규모의 예비 선거가 한꺼번에 열리는 날을 '슈퍼 ○

정답: 112쪽

○○'이라고 한다. 보통은 이날 각 당의 후보가 정해지는 경우가 많다.

18 대나무를 쪼개듯 단호한 기세를 가리키는 사자성어.

19 ① 구성애의 성교육 강의 브랜드. ② 이것은 소리 없는 ○○○ 저 푸른 해원을 향하여 흔드는 영원한 노스탤지어의 손수건. ③ 온 힘을 다해 시끄럽게 떠드는 소리.

20 단군 신화에 따르면, 곰(웅녀)이 21일 동안 동굴 속에서 쑥과 ○○만 먹었더니 인간이 되었다. #쯧쯧호랑아

23

10

1 "불러봐도 울어봐도 못오실 어머님을 원통해 불러보고 땅을치며 통곡한들 다시못올 어머니여 불초한 이자식은 생전에 지은 죄를 엎드려 빕니다" #〇〇〇는웁니다

2 버스커버스커가 노래했다. "운명이란 인연이란 〇〇〇이 중요한 건가 봐 내가 있어야 할 순간에 내가 있었더라면" 폴킴도 노래했다. "그토록 원할 때는 쉽게 오질 않아 사랑은 〇〇〇"

3 목소리가 유별나게 크거나 별것 아닌 일에 소리지르는 사람을 가리켜 "〇〇〇〇을 삶아 먹었냐?"라고 한다. #locomotive

4 '사람을 가장 닮은 동물' 하면 가장 먼저 떠오르는 동물. #잔나비 #긴팔 #개코

5 가슴뼈 바로 아래 오목하게 들어간 부위. 급소 중 하나로 이 부분을 맞으면 한동안 호흡이 힘들 정도로 강한 충격을 받는다.

6 오늘날 터키 영토에 속하는 아나톨리아반도에 위치했던 고대 도시국가. 거대한 목마를 이용한 전략에 허를 찔려 전쟁에서 패하고 멸망했다. #태양의도시

7 ① 지하철 1호선과 4호선이 만나는 지점. ② 연상호 감독이 〈부산행〉의 프리퀄 격으로 만든 애니메이션.

8 콩을 이용한 중국식 장으로, 독특한 매운 맛이 특징이다. #저는먹어본적이없습니다

9 중국 허난성에 위치한 절. 절이지만 무술로 더 유명하다.

10 일본 군국주의를 상징하며, 현재도 일본자위대가 사용하고 있는 공식 깃발.

11 서울시 용산구에 위치한 시립공원. 다른 일반 공원들과 달리 애국선열들을 모셨다. 2019년 서울시는 대한민국 임시정부 100주년을 맞이해 국립공원으로 조성하겠다는 계획을 발표했다.

12 술래는 눈을 감고 기둥 혹은 벽에 얼굴을 대고는 빠르게 구호를 외친 뒤 뒤돌아본다. 구호를 외치는 사이 앞으로 한 걸음씩 다가오던 나머지 사람들은 술래가 돌아보는 순간 움직여서는 안 된다. #〇〇〇꽃이피었습니다 #오징어게임

13 문신 새겨주는 것을 직업으로 하는 사람.

14 '뭉그적뭉그적'의 방언. '〇〇〇거리다'라고도 표현한다.

15 서로의 성과 이름을 알려주는 것. "이렇게 만난 것도 인연인데, 〇〇〇은 합시다."

16 '나이 든 사람과 나이 어린 사람 사이에는 순서가 있어야 한다'는 뜻의 사자성어. #삼강오륜 #찬물도위아래가있다고했거늘

17 센서가 탑재되어, 혼자서 방을 누비고 다니면서 바닥 먼지와 자잘한 쓰레기를 치우는 것은 물론, 걸레질까지 하는 가전제품.

18 시작은 창대했으나 그 끝은 미약한 경우를 가리키는 말. #한국드라마는〇〇〇〇가너무많아 #첫끗발이개끗발

19 운동 경기에서 먼저 점수를 내줬으나 이후 분발해 더 많은 점수를 내고 승리하는 것.

1									
		11						12	
		2							
			13		14				
				3					
									15
	4								
							5		
16		6							
				17					
							18		
7					8				
		19						20	
		9							
10									

정답: 112쪽

---

20 빵을 훔쳤다가 감옥에 19년간 갇힌 문학
작품 속 캐릭터. #장씨아닙니다 #머리가
그렇게길지도않고요 #24601

11

가로 열쇠

1 42.195km.
2 ① 고스트 ○○왕=히카루의 ○○. ② 딸
   랑딸랑딸랑 딸랑딸랑딸랑 ○○이 방울 잘
   도 울린다 학교 길에 마중 나와서 반갑다고
   꼬리치며 달려온다. ③ 알파고 vs 이세돌.
3 자가용 없이 걸어다니는 사람을 가리키는
   말. 차 없이 대중교통을 이용해 여행하는
   것을 가리켜 '○○○ 여행'이라고 부른다.
4 2002 월드컵 16강전이 열린 곳. 대한민국
   국가대표팀이 안정환의 연장 골든골로 이
   탈리아를 꺾고 8강에 진출했다. #타슈
   #드슈 #○○이쥬
5 서로 자기 주장을 고집하며 옥신각신 말싸
   움하는 것. 기차를 처음 탄 시골영감은 차
   표 파는 아가씨와 '○○○'를 했다.
6 매너가 사람을 만든다. #시크릿에이전트
   #골든서클 #퍼스트에이전트
7 크레파스와 한 세트. #유희열의○○○○
8 ① 상의와 하의가 합쳐진 옷을 가리키는
   말로, 보통은 여자 옷을 의미한다. ② 만화
   가 오다 에이치로의 대표작이자 인생작.
   #진짜인생작
9 "넓고 넓은 바닷가에 오막살이 집 한 채 고
   기 잡는 아버지와 철 모르는 딸 있네 내 사
   랑아 내 사랑아 나의 사랑 ○○○○○ 늙
   은 아비 혼자 두고 영영 어디 갔느냐"
10 '뜻하던 바가 이루어져 우쭐거리며 뽐내는
   모양'을 뜻하는 사자성어. #의기양양말고

세로 열쇠

11 프랑스 프로방스 지역의 대표 요리. 가지,
   호박, 피망, 토마토 등에 허브 및 올리브 오
   일을 넣고 끓여 만든다.
12 신라 때 별의 움직임을 관찰하기 위해 만
   들었던 천문관측소로, 세계에서 가장 오
   래된 천문대이다. #국보31호 #유네스코
   #경주
13 가운데에 앉으면 덜 무섭고 양 끝에 앉으
   면 제일 무서운 놀이기구. #엉덩이가들썩
   #가슴이철렁
14 ① 도술이 뛰어났던 조선시대의 실존 인물
   로, 고전소설로 쓰이기도 했다. ② 강동원,
   김윤석, 임수정, 유해진 등이 출연하고 〈타
   짜〉의 최동훈 감독이 연출했던 영화.
15 영국 시인 존 밀턴이 창세기에 등장하는
   인류의 조상인 아담과 하와를 소재로 인간
   의 타락과 메시아의 구원을 다룬 서사시.
   #ParadiseLost
16 '남자'와 '설명하다'라는 단어를 합친 신조
   어로, 남성이 여성에게 아는 척하며 설명
   하려 드는 태도를 뜻한다. #남자들은자꾸
   나를가르치려든다 #레베카솔닛
17 수필집 《인연》으로 유명한 작가. 그의 아
   름다운 문장 속에는 소박하고 친근한 정서
   가 담겨 있다.
18 진통제의 대명사.
19 경기도 북부에 위치한 시. '웃긴 졸업사진'
   으로 유명한 고등학교가 이곳에 있다.
20 삼성 라이온즈, 해태 타이거즈, LG 트윈스

	1								
			11					12		
				2					
					13				
		3					4		
									14
5				6					
	15						16		
					7				
8									
		17							
				9					
								18	
	10								
			19		20				

정답: 113쪽

에서 선수 생활을 했던 야구선수. 꾸준히 뛰어난 타격 실력을 유지하며 '배트를 거꾸로 잡아도 3할을 칠 것 같다'는 찬사를 들었다. #위풍당당

12

가로 열쇠

1 2010년 이후로 대한민국 사람들이 가장 많이 쓰고 있는 모바일 메신저. 스마트폰 바꾸고 나서 제일 먼저 다운로드하는 앱. 단, 퇴근 후 직장 상사와 만나고 싶지는 않은 온라인 공간.

2 일반병으로 군 입대한 사람들은 이병, 일병, 상병을 거쳐 ○○으로 몇 달을 보낸 뒤 제대하는 경우가 대부분이다. #말년○○

3 19세기 프랑스의 대문호 빅토르 위고의 대표작. 2012년에는 휴 잭맨, 앤 해서웨이, 러셀 크로우, 아만다 사이프리드 등이 출연한 뮤지컬 영화로 제작되기도 했다.

4 2002년에 처음 영화로 만들어진 이후 시리즈로 제작되고 있는 일본의 공포영화. #토시오

5 ① 홍콩의 영화배우 이름. ② 사케보다 저렴하고 소주보다 덜 쓴 술이다. ③ 'I.O.I' 'Why Don't You Know' 'Roller Coaster' '벌써 12시' 'Snapping'.

6 역대 대한민국 대통령 중 한 사람. 군인 출신으로서, 군사 반란을 일으켜 대통령에 취임한 뒤 5.18 민주화운동 당시 광주시민을 학살했다. 노태우 전 대통령과 함께 기소되어 2000억 원이 넘는 추징금을 선고받았으나, '통장에 29만원밖에 없다'는 어이없는 유행어를 남겼다.

7 전 소녀시대 제시카의 동생. f(x)의 보컬. #하이킥짧은다리의역습 #상속자들 #슬기로운감빵생활 #본명은정수정

8 9급 ○○○, 7급 ○○○, 5급 ○○○. 노량진에 가면 ○○○을 꿈꾸는 수많은 사람들을 만날 수 있다.

9 축구 경기에서 쓰이는 개인기 중 하나. 발뒤꿈치를 이용해 공을 '살포시' 띄워 수비수의 키를 넘겨 제치는 기술이다. #실전에서는거의쓰이지않음 #욕먹음

10 기타의 사이즈를 축소한 것 같은 모양의 악기. #하와이

세로 열쇠

11 기온이나 기분에 따라 몸 색깔을 바꾸는 파충류.

12 국방부 소속의 행정기관으로, 군 입대를 위한 신체검사, 징집, 예비소집 등 각종 병무행정을 담당한다. #떠올리고싶지않아

13 한반도 남쪽에 위치한 섬. 한국의 섬 중 가장 크고 인구도 많다. 이곳에는 바람, 돌, 여자가 많다는 옛말이 있지만 지금은 관광객이 제일 많은 듯….

14 YG 소속 4인조 걸그룹. #지수 #제니 #로제 #리사 #휘파람 #붐바야 #불장난 #마지막처럼 #Killthislove

15 주인과 손님이 뒤바뀐 것처럼, 중요한 것과 부수적인 것의 위치 혹은 앞뒤 순서가 바뀌었음을 뜻하는 사자성어.

16 안동 ○○마을에서 전해져 내려오는 민속탈. 웃고 있는 것처럼 보이지만, 어쩔 땐 섬뜩하기도 하다.

17 수십 개, 혹은 수백 개의 동그란 구멍이 나

있는 걸 봤을 때 단순히 소름끼치는 것을 넘어서 호흡이 힘들어지고 갑자기 열이 나는 증상.

18 ① 보이비 + 행주 + 지구인 = ○○파워. ② 김완선이 부릅니다. '○○ 속의 그 춤을'. ③ R&B의 뜻은 '○○ 앤 블루스'.

19 가장 유명한 여성 슈퍼히어로. DC 확장 유니버스에서는 갤 가돗이 이 캐릭터를 연기한다. #캡틴마블아냐

20 훈민정음은 가나다, 아라비아 숫자는 123, 알파벳은 ABC, 음계는 ○○○.

13

가로 열쇠

1 2000년대 중반까지 건물 공사에 자주 쓰였던 광물. 그러나 지금은 우리 일상과 가장 가까운 대표적인 발암 물질 중 하나로 인식된다. #슬레이트지붕

2 한 자리에 가만히 있지 못하고 계속 돌아다녀야 하는 운명에 놓인 사람을 가리켜 '○○○이 끼었다'라고 한다.

3 화장실에 세면대가 없을 경우, 세수를 하려면 이게 필요하다. 그런데 꼭 세수할 때만 쓰지는 않는다. #손빨래할때유용 #○○○○냉면

4 일본인 소설가 미우라 아야코의 작품으로, 1960년대 일본에서 크게 히트한 후 한국에도 소개되었고, 드라마로도 만들어졌다. #어는점

5 ① 특정 시점 이후 특정 인물이 어디에서 어떻게 지내고 있는지 알 수 없는 상태. ② 〈센과 치히로의 ○○○○〉.

6 조선시대에 실존했던 '희대의 사기꾼'. 대동강을 팔아먹은 것으로 유명하다. #본명은알려져있지않다

7 대표적인 건강기능식품 중 하나. 연골을 구성하는 성분이라 관절에 좋다고 알려져 있다.

8 대학, 논어, 맹자, 중용 그리고 시경, 서경, 주역.

9 《변신》《소송》《성》 등으로 알려진 실존주의 문학의 선구자. #프란츠○○○

10 사람의 운명을 점쳐보기 위해 사용하는 카드. #이중에서세장만골라보세요

세로 열쇠

11 세금을 뗀 가격에 물건을 살 수 있는 곳. 보통 해외에 다녀올 때 공항에서 들리는 곳. #명품 #향수 #선글라스 #dutyfree

12 추리 소설가 히가시노 게이고의 대표작 중 하나. 한석규, 손예진, 고수 등 호화 캐스팅으로 큰 기대를 받으며 한국 영화로도 만들어졌지만 흥행에 참패했다.

13 시계들이 흐물흐물 늘어져 있는 그림 〈기억의 지속〉으로 유명한 스페인의 초현실주의 화가. 빈지노의 노래 가사에도 등장한다.

14 쥐나 해충을 쫓기 위해 논밭에 불을 지피는 데서 유래한 민속놀이.

15 ① 물체가 돌아가는 모양을 의미하는 의태어. ② "그저 바라만 보고 있지~" #나미

16 결혼 후 처갓집에 들어가서 장인, 장모 등 처갓집 식구들과 함께 생활하는 사위를 가리키는 말.

17 대한민국의 제14대 대통령. 민주화를 위해 일생을 바쳤고 금융실명제를 도입하는 등 업적도 있지만, IMF 금융위기를 막지 못했다는 비판도 받는다. #문민정부

18 산타할아버지가 데리고 다니는 코가 빨간 사슴. "○○○ 사슴코는 매우 반짝이는 코 / 만일 네가 봤다면 불붙는다 했겠지"

19 앞다리가 무기처럼 생겼고, 몸은 녹색 혹은 갈색인 곤충. #피부에오돌토돌돋아나

정답 : 114쪽

는이것도○○○

20 이집트의 수도로 세계에서 오래된 도시 중
   하나다. 10세기 이후 이집트의 중심지로
   번영했다. 고대 이집트 미술을 살펴볼 수
   있는 이집트 미술관이 위치해 있다.

14

1 광동제약에서 출시한 에너지드링크. 비타민 C가 많이 함유되어 있는데 심지어 맛도 있다. 몇 년 전, 한 정치인이 뇌물을 주고받을 때 이 음료의 박스가 사용되어 여러 차례 패러디되기도 했다.

2 '병맛' 웹툰의 선구자라 할 수 있는 만화가. 최근에는 '침착맨'이라는 닉네임의 유튜버로 더 활발히 활동 중이다. #본명은이병건 #와장창

3 신체 부위에 가벼운 상처가 났을 때 붙이는 거. 원래는 '반창고'의 브랜드명이지만 지금은 대명사처럼 쓰이고 있다. #바르는 거말고요 #붙이는거

4 '○○에는 뜻이 없고 잿밥에만 마음이 있다'

5 튀긴 닭고기를 여러 채소와 함께 볶은 중국 쓰촨성 충칭 지역의 음식. 죽순, 양송이, 표고버섯, 고추, 파, 마늘, 생강 등이 들어간다.

6 ① 아몬드가 죽으면? ② 김중배의 ○○○○○가 그렇게 좋더냐? ③ 가장 인기 있는 보석.

7 CD로 노래를 듣던 시대와 스트리밍 사이트가 대세가 된 요즘 사이, 2000년대 초반에 한창 유행했던 MP3 P2P 공유 서비스. #파도

8 토비 맥과이어, 앤드류 가필드, 톰 홀랜드가 이어 연기한 슈퍼히어로로. #이름은피터파커

9 입을 둥글게 만들고, 혀를 말아 입김을 불어 내는 소리. #밤에불면뱀나옴 #어젯밤에도불었네

10 거센 바람이 몰아치기 전에 일시적으로 날씨가 평온해지는 것처럼, 큰일이 터지기 전에 분위기가 고요해지는 것을 뜻하는 관용적 표현.

11 도박을 소재로 한 허영만 화백의 만화를 원작으로 한 영화. "눈은 손보다 빠르다" "나, 이대 나온 여자야" "마포대교는 무너졌냐?" "첫판부터 장난질이냐?" "오함마 준비해야쓰것다" "어디서 약을 팔어?" 등 일일이 나열하기도 힘들 정도로 많은 유행어를 남겼다.

12 독립운동가 김구의 자서전.

13 이걸로 비행기도 만들 수 있고, 학도 만들 수 있고, 장미도 만들 수 있고, 하트도 만들 수 있고. #김영만선생님

14 두 편으로 나누어, 한 편은 말이 되고, 다른 한 편은 그 위에 올라타 가위바위보로 승부를 겨루는 놀이. 가위바위보를 하기 전에 말이 무너지면 상대팀이 승리한다. #네 글자말고

15 높은 압력과 낮은 온도에서 이산화탄소를 고체로 변화시킨 물질. 배스킨라빈스에서는 아이스크림을 녹지 않게 이것을 같이 포장해준다.

16 바다 근처에 사는 별 모양의 수중생물.

정답: 114쪽

17 일본식 집에서 방바닥에 까는 재료.

18 "잔인한~ 여자라~ 나를 욕하지는 마~ 잠시 너를 위해 이별을 택한 거야~ 잊지는 마! 내 사랑을! 너는 내 안에 있어어어어어어 어어~" #Tears

19 콜럼버스가 처음 먹고 나서 '천사의 열매' 라 할 정도로 달콤하다고 알려져 있는 열대 과일. 그러나 처음 먹는 사람은 익숙하지 않아 좀 느끼할 수 있다. #내얘길들어봐 #사랑만들기

20 지하로 사람이 드나들 수 있게 도로면에 뚫어놓은 구멍. #○○뚜껑

15

가로 열쇠

1 영국 작가 메리 셸리가 1818년에 발표한 소설 제목이자, 주인공 이름. 이후 영화, 뮤지컬 등으로 만들어져 지금까지도 사랑받고 있다. #TheModernPrometheus

2 오늘에서 내일로 넘어가는 열두시는 자정, 오전에서 오후로 넘어가는 열두시는 ○○.

3 호텔 룸을 예약할 때 중요하게 생각하는 조건 가운데 하나. 방에서 무엇이 보이느냐에 따라 부르는 이름이 다른데, 탁 트인 해변이 보일 때 ○○○라고 부른다.

4 서울 지하철 3호선의 역 이름 중 하나. 압구정, 경복궁, 종로3가 등에서 일산으로 가려는 사람 입장에서는 '대화행' 대신 '○○○행' 열차가 오면 짜증이 난다.

5 한국말이 어눌하지만 멋진 비주얼로 미국과 한국 모두에서 인기를 얻으며 활동하고 있는 패션모델 겸 배우. #내이름은김삼순 #마이파더 #크리미널마인드 #나혼자산다

6 조선시대에 쓰여진 판소리계 소설. 장님인 아버지의 눈을 뜨게 하기 위해 딸이 바다에 몸을 던진다는, 지금의 상식으로는 말도 안 되는 이야기.

7 최근 몇 년간 '돈 많은 사람'의 아이콘이 된 인물. UAE의 부총리이자, 영국 프리미어리그 맨체스터 시티의 구단주. #셰이크○○○빈자예드알나얀

8 은행이 지급을 거절한 수표. 찍는 영화마다 흥행에 실패하는 배우를 가리켜 '흥행○○○○'라고 부르기도 한다.

9 이탈리아에서 발전한 아이스크림. '얼리다'라는 뜻의 이탈리아어에서 유래했다.

10 원숭이 엉덩이는 빨개, 빨간 것은 사과, 사과는 맛있어, 맛있으면 ○○○, ○○○는 길어, 길면 기차….

세로 열쇠

11 '만남'을 뜻하는 프랑스어. 몇 년 전까지 두 타자가 연달아 홈런을 치면 '○○○ 홈런'이라 불렀는데, 요즘은 '백 투 백 홈런'이라고 더 많이 부른다. #표기는뷰가아니라부가맞지만

12 SM엔터테인먼트의 보이그룹. 'Sorry Sorry' '로꾸거' 등 히트곡이 있지만, 노래보다는 예능, 드라마 등 각 멤버 개인 활동의 임팩트가 더 크다.

13 자기가 잘못을 해놓고 시치미를 뚝 떼는 모습을 가리키는 속담. #닭잡아먹고○○○내민다

14 자기의 옳지 못함을 부끄러워하고, 남의 옳지 못함을 미워하는 마음. 맹자는 이 마음을 가진 사람이야말로 의(義)를 갖춘 사람이라고 평가했다.

15 출가한 여자 승려를 가리키는 말.

16 《데미안》《수레바퀴 아래서》《싯다르타》《유리알 유희》 등을 발표한 작가. 1946년 노벨문학상을 수상했다.

17 16~17세기 영국 성공회에 대항한 칼뱅주의자를 가리키는 말. 17세기 후반에 심한 박해를 받았고, 당시 많은 ○○○가 종교의

자유를 찾아 아메리카 대륙으로 이주했다.

18 ① 룩! 룩! 룩셈부르크! 아! 아! ○○○○
○! ② 남아메리카 남동부의 연방 공화국.
③ 리오넬 메시의 나라.

19 아프리카 줄루족의 전통 악기. 남아공 월
드컵 당시 이 악기 소리가 축구장을 가득

메워 짜증과 함께 인지도를 높였다.

20 아프리카 초원의 맹수 중 하나. 낮에는 대
개 늘어져 쉬면서 체력을 아끼고, 밤에 주
로 사냥을 한다. #무늬

16

가로 열쇠

1 곰○○○ 새○○○! 새○○○ 닭○○○!
닭○○○ 개○○○! 개○○○ 소○○○!
소○○○ 말○○○! 말○○○ 소○○○!
소○○○ 개○○○! 개○○○ 닭○○○!
개○○○…. 틀렸다!!!!!!! #게임

2 "사장님, 혹시 저 이번달 알바비 좀 일찍
○○해주시면 안 돼요? 급하게 돈이 좀 필
요해서…."

3 ① 중세 서유럽 봉건제도 아래 행해졌던
행동규범. ② 1세대 아이돌 젝스키스의
2집 타이틀곡. "HERE WE COME IT'S 젝
키!!" ③ 만화가 '환쟁이'가 네이버에서 연
재한 웹툰 제목.

4 윤수영 대표가 설립한 독서모임 스타트업
으로, '돈 내고 모여 책 읽기' 열풍을 선도
했다. #순우리말이었다니 #이유없이남의
말에반대하기를좋아함

5 이탈리아의 수도. 피렌체 아닙니다. 베네
치아 아니고요. 나폴리 아닙니다. 밀란 아
닙니다. #모든길은○○로통한다

6 롯데에서 만든 과자로, 손가락에 끼워서
먹기 좋다. 개인적으로는 '군옥수수맛'을
좋아한다.

7 월드컵에서 한국이 스페인을 이겼을 때,
다들 ○○이 일어났다고 말했다. #기상○
○ #이번대회최대○○

8 ① 원더걸스로 활동할 당시 '소희'의 별명.
② 한 선수에게 한 이닝에 만루홈런 두 개
를 맞은 뒤, 박찬호의 별명은 '한○○'가 되

었다. ③ 개인적으로는 매운 김치○○를
좋아한다.

9 '모든 일이 뜻대로 잘 이루어진다'는 뜻의
사자성어.

10 대구, 광주는 맞고, 서울, 포항은 아니다.

세로 열쇠

11 허리가 길고 다리가 짧은 견종. 그리고 나
는 이 원고를 구글독스로 쓰고 있다. #독
일어로 #오소리사냥

12 경주에 가서는 첨성대, 안압지, 천마총 등
과 함께 이 절을 꼭 봐야 한다. 여기에 가면
다보탑과 석가탑, 석굴암까지 볼 수 있다.

13 요즘 가장 핫한 프로듀서. 방송에는 안경
을 쓰고 나온다. #쇼미더머니 #래퍼는○
○○○ #아이스크림은탱크보이 #길이보
이는

14 《오즈의 마법사》의 주인공.

15 굳지 않은 상태로 지정된 장소까지 운반되
어 쓰이는 콘크리트를 가리키는 말. #우리
말로는 #회반죽

16 '크기가 작은 앵무새'를 가리키는 이름. 사
이가 좋은 부부를 가리켜 흔히 이 새에 비
유한다.

17 주스, 아이스티, 샐러드, 아이스크림, 마멀
레이드 등의 재료로 활용되는 식물의 열
매. 동남아시아가 주 원산지이다. 맛은 새
콤하고 시다. #골든라임 #표기는칼이아
니라칼이맞다

18 민사사건 혹은 형사사건이 발생할 경우,

정답: 115쪽

개인이나 단체를 대신해 소송을 제기하고 재판에 임하는 사람들.

19 그냥 'Delete'를 누르면 파일이 ○○○으로 이동한다. ○○○을 거치지 않고 영원히 삭제하기 위해서는 'Shift'와 'Delete'를 함께 누르면 된다.

20 ① 공부하다가 중요한 부분을 표시해두고 싶을 때 사용하는 필기구. ② 아재개그로 바꾸면… 형을 아주 좋아하는 사람.

17

가로 열쇠

1 ① 매달 회사에서 월급이 ○○○○ 나오는데 뭐가 걱정이야? ② 어디 어른 앞에서 ○○○○ 말대꾸야?

2 '늑대'의 동의어. #wolf

3 돈이 많이 드는 치과 치료의 한 종류. 치아가 빠지거나 심하게 부서졌을 때 이를 보완하기 위해 인공으로 만든 치아를 삽입하는 치료법. 틀니에 비해 훨씬 편하지만, 가격이 비싸다. #돈먹는하마

4 ① 알싸한 맛이 나서 식사 후 입가심으로 흔히 먹는 것. ② "나 돌아갈래~"라는 유행어를 남긴 2000년 개봉작. 이창동 감독이 연출하고 설경구, 문소리 등이 출연했다. ③ YB의 노래 제목. #떠나려하네저강물따라서 #돌아가고파순수했던시절

5 Red, Orange, Yellow, Green, Blue, Navy, Purple.

6 본업을 그만두는 것. 예전에는 이것을 하고 나면 다른 일은 하지 않고 여생을 보내는 것으로 많이 인식되었으나, 요즘은 백세시대가 되면서 이것을 한 후에 제2, 제3의 직업을 찾는 경우가 많다.

7 경사가 급하게 기울어진 길을 가리키는 말.

8 멸종위기에 처해 있는 천연기념물 제218호. 몸의 길이는 보통 수컷은 11cm, 암컷은 6~9cm이다.

9 보행자가 건널 수 있도록 차도 위에 따로 표시해둔 구역. 보통 신호등과 함께 있는 경우가 많다.

10 흑염소와 함께, 예전부터 몸에 좋은 보양식으로 자주 인식되는 것. #술아님

세로 열쇠

11 ① 보자기에 물건을 싸서 꾸린 뭉치. ② 리, 리, 리 자로 끝나는 말은 괴나리, ○○○, 댑싸리, 소쿠리, 유리 항아리.

12 전 세계 면도기 점유율 1위를 차지하고 있는 브랜드. 국내에서는 박지성, 손흥민 등이 광고모델로 발탁된 바 있다.

13 포항에서 유년시절을 보낸 제17대 대한민국 대통령. 퇴임 후 비자금 횡령과 뇌물수수 혐의 등으로 구치소에 수감 중이다. #MB

14 화랑도의 세속오계 중 하나로, '싸움에 임해서는 물러남이 없다'는 뜻의 사자성어.

15 경북 안동시에서 전해져 내려오는 나무로 만든 탈로, 당시 지배층이었던 양반 계층에 대한 비판의 의미를 담고 있다. #웃는상 #국보제121호

16 "푸른 하늘 ○○○ 하얀 쪽배엔 계수나무 한 나무 토끼 한 마리" #쎄쎄쎄의고전

17 경북 안동시에서 전해져 내려오는 증류식 전통 민속주. #[가로열쇠10번]과는전혀관련이없습니다

18 예상치 못한 사고나 재난으로 인해 제 수명을 다 살지 못하고 죽는 것을 가리키는 말. #날벼락

19 ① 못을 박거나 뽑을 때 사용하는 도구. ② 박순찬 화백이 1995년부터 2021년 5월까지

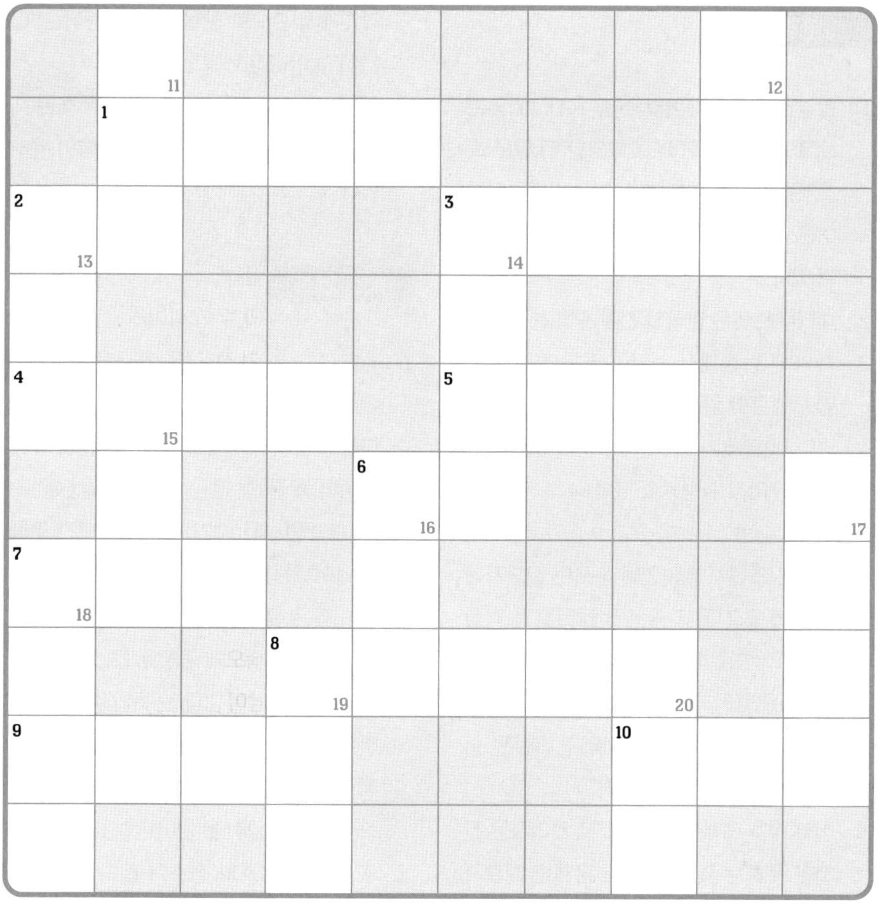
11
12
1
2
13
3
14
4
15
5
6
16
17
7
18
8
19
20
9
10

정답: 116쪽

경향신문에 연재했던 4컷 만화 제목.

20 "주변에 괜찮은 사람 좀 없냐? 나 ○○○
좀 해주라."

18

가로 열쇠

1 함경남도에서 태어났으나, 10대 때 일본으로 건너가 '모모타'로 개명한 뒤 일본 프로레슬링계를 제패했다. 한국 이름, 일본 이름보다 별명인 'OOO'으로 더 잘 알려져 있다. #본명김신락

2 대나무로 만든 한국의 전통 관악기.

3 1988년 농심에서 출시한 라면 브랜드로, 맵고 얼큰한 일반 라면과 달리 '곰탕' 맛을 냈다. 호불호가 강하지만, 마니아층이 있어 지금까지 사랑받고 있다. #정식명칭은OOOO면

4 명칭은 조선시대 하인들이 쓰던 털모자에서 유래했으나, 지금은 멋쟁이들의 패션 아이템이 되었다. #버킷햇

5 "큰 북을 울려라 둥둥둥, 작은 북을 울려라 동동동, 캐스터네츠 짝짝짝, 탬버린은 찰찰찰, OOOOO은 칭칭칭"

6 실로 대충 꿰매듯 일시적으로 처리하는 잔꾀를 뜻하는 말. 본질적인 문제를 해결하지 않고 눈가림만 하려는 땜질처방이라는 부정적인 의미로 자주 쓰인다.

7 처음과 끝이 같은 과일. #아니채소 #아니과일 #아니채소

8 유교에서 기본이 되는 3가지 강령과 5가지 실천적 도덕 강목을 묶어 부르는 말. #군위신강부위자강부위부강 #부자유친군신유의부부유별장유유서붕우유신

9 ① 스케치북 위에 연필이나 펜으로 그리는 것을 가리키는 말. ② 축구 경기 중 사이드라인에서 손으로 공을 던지는 동작은 'OOO'이 아니라 '스로인'이다.

10 세계 6개 대륙 가운데 면적이 가장 작은 대륙으로, '큰 바다'라는 뜻에서 이름이 유래했다. #나이제다섯살아니야

세로 열쇠

11 겉으로 드러나는 체격을 가리키는 말. "OOO는 멀쩡한 놈이 그거 하나 못 들어?"

12 다른 사람의 처지에서 생각하라는 뜻의 사자성어. 바꿀 O, 땅 O, 생각 O, 갈 O.

13 ① 1973년부터 2021년까지 33년간 진행한 MBC의 대표적인 장수 라디오프로그램의 이름은 〈강석, 김혜영의 OOOO쇼〉이다. ② 눈과 입이 모두 환하게 웃는 모양을 가리키는 의태어.

14 아주 귀한 것을 비유적으로 부르는 말. "이 지역이 재개발되면, 머지않아 대한민국 최고 OOOO 땅이 될 거야!"

15 조선 후기 영조와 정조가 신하들의 당파 싸움을 막고 정치세력의 균형을 꾀하기 위해 실시했던 인재 등용 정책. #TMI #저이걸로졸업논문썼어요

16 나무에서 나는 크기가 작은 빨간 열매. 보통 빨간 입술을 비유적으로 묘사할 때 'OO 같다'라고 말한다.

17 인간의 세포 안에서 가장 많은 부피를 차지하는 기관. 세포가 사용할 에너지를 생산한다. '실'을 뜻하는 그리스어와 '작은 알갱이'를 뜻하는 그리스어의 합성어.

18 세계 최대의 항공기 제작 회사. 민간 여객기 시장에서는 유럽의 에어버스와 경쟁하고, 방위산업체로서는 록히드 마틴과 경쟁한다. #747 #737 #777

19 야구: 대구 ○○ 라이온즈 / 축구: 수원 ○○ 블루윙즈 / 농구: 서울 ○○ 썬더스 / 배구: 대전 ○○화재 블루팡스.

20 영화 〈극한직업〉에서 테드창을, 드라마 〈동백꽃 필 무렵〉에서 노규태를, 드라마 〈스토브리그〉에서 권경민을 연기하며 존재감을 확실하게 각인시킨 배우.

19

가로 열쇠

1 "당신은 묵비권을 행사할 수 있으며, 당신이 한 발언은 법정에서 불리하게 사용될 수 있습니다. 당신은 변호인을 선임할 수 있으며 질문을 받을 때 변호인에게 대신 발언하게 할 수 있습니다. 만약 변호사를 쓸 돈이 없다면 국선변호인이 선임될 것입니다. 이 권리가 있음을 인지했습니까?" #○○○원칙

2 절도, 사기, 강도, 횡령 등 범죄에 의해 취득한 물품을 전문적으로 취급하거나 매매를 알선하는 사람을 속되게 이르는 말.

3 ① 〈빼앗긴 들에도 봄은 오는가〉 시인. ② 한국 스피드 스케이팅의 전설. #빙속여제

4 사소한 행동이 발단이 되어 훗날 예상치 못하게 엄청난 결과를 가져올 수 있음을 의미하는 단어. "브라질에 서식하는 곤충 한 마리의 날갯짓이 미국의 태풍으로 이어진다."

5 물○○, 처녀○○, 총각○○, 몽달○○, 홍콩할매○○, 자유로 ○○, 오나의 ○○님, ○○이 산다…. #○○은뭐하나저나쁜놈안잡아가고

6 철을 선 모양으로 가공한 것. #영어로는 wire

7 이선균, 이지은, 이지아, 고두심 등이 출연한 tvN 드라마. 〈미생〉 〈시그널〉의 김원석 감독이 연출을 맡고 〈올드 미스 다이어리〉 〈또 오해영〉의 박해영 작가가 각본을 썼다.

8 동전, 18번, 점프, 서비스.

9 공부를 싫어하고 놀러다니는 것을 좋아하는 학생을 ○○○라고 부른다.

10 셰익스피어의 비극 중 한 작품의 남자 주인공. 부모님 말씀을 안 듣는 것으로 유명하다.

세로 열쇠

11 "이번에도 ○○○ 먹었어…." 맛있고 건강에도 좋은데 중요한 날에는 부정적인 의미로 쓰이는 음식. 그런데 생일에는 또 꼭 먹어줘야 하는 음식.

12 쓰레기를 소각하거나 담배를 피울 때 발생하는 것으로 알려진 독성 화학물질. 이것의 종류는 200가지가 넘는데, 그중 17가지 정도는 인체에 특히 유해하다.

13 어머니가 일찍 돌아가신 후 불행한 일을 겪은 뒤 귀신이 되어 복수하려는 한 자매의 이야기. #임수정과문근영

14 대한민국에서 가장 유명한 종합 비타민 영양제. "피로회복엔 역시~ ○○○○ 골드"

15 해골에 고인 물을 잠결에 맛있게 마신 후 인생의 진리를 깨달은 스님.

16 소년 점프에서 연재했던 일본 만화로, 가족을 죽인 도깨비를 응징하기 위해 모험을 떠나는 주인공의 이야기이다. 일본에서 〈원피스〉와 1, 2위를 다툴 정도로 큰 인기를 얻었다.

17 중국집 직원들이 음식을 배달할 때 사용하는 운반 도구. 이름은 ○○○이지만 실제로는 알루미늄. #진짜○○○이면무거워

정답: 117쪽

서못들고다녀요

18 한국식 명칭은 '신경증'. 뭔가에 하도 시달려 불안하고 우울할 때 "○○○○ 걸리겠다."라고 흔히 얘기하곤 한다.

19 베트남과 태국 사이에 위치한 동남아시아 국가. #수도는비엔티엔 #루앙프라방 #꽃

보다청춘

20 "알 수 없는 ○○가 발생했습니다." 컴퓨터나 스마트폰 등을 사용할 때 이 문구가 뜨면 답답하다.

20

가로 열쇠

1 2019년 12월 중국 우한에서 처음 발생한 뒤 전 세계로 확산된 호흡기 감염질환. 전염성이 매우 높아서 사회적으로 큰 혼란을 낳고 있다. #○○○19

2 1996년 '정'으로 데뷔한 후 '못난이 콤플렉스' '질투' '타인' '아시나요' 등 수많은 히트곡을 남긴 혼성그룹. #정말나를사랑했다고 #흑끅 #나없이는못살겠다고 #흑끅

3 집중하는 것도 좋지만, 거북목이 되지 않으려면 두 시간에 한 번 정도 자리에서 일어나서 ○○○를 한 번 쭈욱 켜세요.

4 연인 사이에서는 쉽게 주고받기 부담되는 선물. 이것을 선물하면 선물받은 사람이 도망간다는 속설이 있기 때문이다.

5 "밥은 먹고 다니냐?" #송강호

6 한국에서 인기 많은 스포츠 중 하나. '끝날 때까지 끝난 게 아니다' '○○에 만약이란 없습니다. 만약이란 걸 붙이면 다 우승하죠!' '내려갈 팀은 내려간다(?)' 등 많은 말이 이 스포츠에서 비롯되었다.

7 ① 리처드 도킨스의 《이기적 ○○○》. ② DNA 조각, 게놈 프로젝트, 염색체.

8 TV에 자주 나오는 연예인을 '○○○○'에 비유하는 경우가 많다. 틀면 나오니까. 겨울에 얼지 않도록 졸졸 틀어놔야 한다.

9 "○○○는 가라. 한라에서 백두까지 향그러운 흙가슴만 남고 그 모오든 쇠붙이는 가라." #신동엽

10 "○○○○○ 구름모자 썼네 / 나비같이 휠휠 날아서 / 살금살금 다가가서 / 구름모자 벗겨 오지 / 이놈 하고 불벼락 내리시네 / 천둥처럼 고함을 치시네 / 너무 놀라 뒤로 자빠졌네 / 하하하하 웃으시네" #산타클로스아닙니다

세로 열쇠

11 〈1박2일〉〈삼시세끼〉〈꽃보다할배〉〈꽃보다누나〉〈꽃보다청춘〉〈윤식당〉〈신혼일기〉〈숲속의 작은 집〉〈알쓸신잡〉〈커피프렌즈〉〈스페인 하숙〉….

12 유럽 남서부 이베리아반도에 위치한 나라. 투우, 플라멩고, 엘클라시코, 독감 등으로 유명하다. #Espana

13 ① 이문세의 13집 타이틀곡 '○○이란 사랑보다'. ② 김영하가 쓴 소설 《살인자의 ○○법》. ③ god의 2집 타이틀곡 '사랑해 그리고 ○○해'.

14 [세로 열쇠 11번]의 대표작 중, 앞서 언급되지 않은 프로그램. #드래곤볼

15 새콤달콤한 맛이 나는 주황색 열매. 보통 자두보다는 작고, 대추보다는 크다.

16 미꾸라지를 넣어 끓이는 한국의 음식. 다른 지역에서는 보통 빨갛게 끓이지만, 경상도에서는 안 빨갛게(?) 끓인다.

17 온대, 아열대, 열대 기후와 같이 따뜻한 지역에서 자라는 식물. '휴양지' 하면 가장 먼저 ○○○가 햇살을 받으며 우거져 있는 모습을 떠올리곤 한다.

18 2013년에 〈K팝스타〉에 출연하여 '다리꼬

지마' '매력있어' '외국인의 고백' '라면인
건가' 등 참신한 느낌의 자작곡을 발표하
며 우승을 차지한 남매 듀오. 정식 데뷔 후
에도 히트곡을 쏟아내고 있다.

19 ① 이건 아니야! (쨍그랑) 이것도 아니야! (쨍
그랑). ② 영화 〈사랑과 영혼〉의 명장면을

만드는 데 크게 기여한 물건.

20 1967년 대한민국 최초의 국립공원으로 지
정된 산. #tvN드라마 #김은희 #전지현

21

1 국내 최대 프랜차이즈 빵집. 원래는 빵만 팔았는데 커피를 같이 파는 지점이 늘고 있다. 지점마다 빵이나 커피 가격이 조금씩 다르다.

2 강렬한 매운맛의 '아이콘'처럼 알려져 있는 식재료. 멋모르고 먹었다가 호되게 당하기도 한다. 라면, 찌개, 김밥, 부침개 등에 얼큰한 맛을 더하기 위해 썰어넣는다.

3 형제자매의 자식을 부르는 말.

4 원래 뜻은 '금액을 구체적으로 밝히지 않고, 종이에 싸거나 봉투에 넣어서 건네는 돈'. 요즘은 부하 직원들을 격려하기 위해 윗사람이 건네는 돈을 의미한다.

5 "하나부터 열까지 다 널 위한 소리 / 내 말 듣지 않는 너에게는 뻔한 ○○○ / 머리 아닌 가슴으로 하는 이야기 / 니가 싫다 해도 안 할 수가 없는 이야기 / 사랑하다 말 거라면 안 할 이야기 / 누구보다 너를 생각하는 마음의 소리 / 사랑해야 할 수 있는 그런 이야기" #늦게다니지좀마 #술은멀리좀해봐

6 무더위에 장시간 노출될 경우 체온이 급격히 상승하는 증상.

7 봄, 여름, 가을, 겨울을 네 글자로 줄이면?

8 가수로 데뷔한 후 3,500만 장 이상의 앨범 판매고를 기록하고 그래미 시상식에서 11개 부문의 상을 거머쥔 여성 싱어송라이터. 연기자로 데뷔한 영화 〈스타 이즈 본〉에서도 인상적인 연기를 선보이며 호평받았다.

9 엉망진창으로 망쳐진 상태를 비유적으로 가리키는 말. "그 깡패놈들이 평화로웠던 우리 마을을 ○○으로 만들어놓았어요!"

10 토끼, 여우, 나무늘보 등 다양한 동물이 등장하는 디즈니 애니메이션. #주디&닉

11 끝말잇기 필승법 하나 알려드릴게요. '리'로 끝나는 단어를 자꾸 주세요. '리'로 끝나는 단어는 매우 많으니까. 그러면 상대방은 리스본, 리플레이 등으로 방어하다가 결국은 '○○○'를 말할 수밖에 없을 거예요. 그때 '카드뮴'으로 끝내면 됩니다.

12 눈치○○, 치킨○○, 제로섬○○, 술자리○○.

13 설악산의 최고봉으로, 태백산맥에서 가장 높다. 남한에서는 한라산, 지리산에 이어 세 번째. #강원양양군서면오색리

14 대한민국의 언론사를 얘기할 때 빼놓을 수 없을 만큼 막대한 영향력을 행사하는 곳. 일제 강점기였던 1920년 처음 창간되어, 그후로 쭉 '1등 신문'임을 앞세운다. 정치 성향은 강경 보수.

15 자금이 거래되는 금융시장에서 자금 공급자가 자금 수요자에게 자금을 빌려준 것에 대한 대가로 지급하는 이자금액 또는 이자율. #interestrate

16 몸이 약해 사소한 병을 달고 사는 것을 가리키는 말. "어릴 때부터 ○○○○가 심해서 부모님 속을 썩였습니다."

정답: 118쪽

정답: 118쪽

17 "이리 오너라 업고 놀자!"

18 엄마가 부를 때는 꿀돼지, 아빠가 부를 때는 두꺼비, 누나가 부를 때는 왕자님인 사람은? #곱슬머리 #이름은하나

19 지중해에 접해 있는 장화 모양의 반도 국가. 역사적으로 고대에는 가장 힘이 셌던 제국 중 하나가 터를 잡은 곳이었고, 중세이후 르네상스의 중심지이기도 했다.

20 '향후 어려움이 예상되는 길'을 비유적으로 이르는 말.

22

가로 열쇠

1 버스와 함께 서울 시민들이 가장 많이 이용하는 대중교통 수단. 서울 기준으로 요금은 1250원(카드)이다.

2 포항 구룡포의 겨울철 별미. 꽁치나 청어를 바닷바람에 말린 것으로, 맛은 물론 영양소도 풍부하다. #최고급소주안주

3 '어벤져스' 멤버 중 하나인 아이언 맨을 연기한 배우. 원래 이름은 훨씬 더 길지만, 한국에서는 이 세 글자로 줄여 부른다.

4 2005년 처음 설립된 동영상 스트리밍 서비스로, 이후 구글에 인수된 후 전 세계 콘텐츠 산업의 판도를 완전히 뒤바꿔놓았다. 요즘은 검색도 'OOO'로 한다고. #지금은OOO시대

5 특정 단체의 이익을 위해 국회의원을 비롯한 정당 관계자들을 대상으로 압력을 넣거나 설득하는 사람을 가리키는 말. 보통 물밑에서 정책이나 입법에 영향을 행사한다. #린다김 #미스슬로운

6 ① 자질구레한 것까지 일일이 다 하나씩 다루는 모습. "내가 지금 너한테 이런 것까지 OOOO 다 얘기해야 돼?". ② 이소라의 발라드 'OOOO한 이야기'. #저울이기울어나만사랑하는것같잖아

7 끈이나 띠 모양의 장식물을 통칭하는 말. 선물을 묶을 때, 머리나 모자를 꾸밀 때 이것을 주로 사용한다.

8 아이오아이, 워너원, 아이즈원 등의 아이돌 그룹을 배출한 Mnet 서바이벌 프로그램. 방영 당시 큰 인기를 얻었으나 이후 '투표 조작' 의혹으로 팬들의 비난을 받았다.

9 "OO은 삶이 만든 최고의 발명품이다." – 스티브 잡스 / "적들에게 내 OO을 알리지 말라!" – 이순신 장군

10 TV조선 〈내일은 미스트롯 1〉에서 우승을 차지한 가수. #OOO이어라

세로 열쇠

11 영어 회화를 처음 배울 때 가장 흔히 듣게 되는 인사말. A: OO O O? B: 파인, 땡큐. 앤드 유?

12 인간이 앓는 가장 흔한 호흡기 질환으로, 다양한 종류의 바이러스에 의해 발생한다. 전염성이 강하지만, 보통은 며칠 내에 자연 치유된다. #1년이면되니 #돌아올순없니

13 탕수육, 깐풍기 등 중국 음식을 먹을 때 자주 곁들이는 술. 알콜 도수가 매우 높다.

14 CGV, 롯데시네마와 함께 대중적으로 널리 알려져 있는 멀티플렉스 영화관. #성수 #코엑스 #센트럴

15 한국 힙합의 대중화를 이끈 듀오. 2004년 데뷔한 후 꾸준히 활동하며 수많은 히트곡을 남겼다. #RingMyBell #고백 #죽일놈

16 ① 영양가가 많고 녹색을 띠는 채소로, 양배추의 일종이다. ② '앵콜요청금지' '졸업' '유자차' 등으로 많은 사랑을 받았던 인디 밴드 이름은 'OOOO너마저'.

17 미합중국 제45대 대통령. "Make America Great Again!" #도널드OOO

정답: 118쪽

---

18 2010년 인기리에 방영된 인기 드라마로, 수많은 유행어를 양산했다. #이게최선입니까 #문자왔슝 #이태리장인이한땀한땀 #거품키스

19 한국에서 가장 인지도가 높은 프랜차이즈 죽집.

20 보통 콜라와 사이다를 비롯한 탄산음료, 과일주스, 커피, 차 등 물이나 술 외의 마실 거리를 총칭한다.

23

1 '엄마는 외계인' '사랑에 빠진 딸기' '바람과 함께 사라지다' '슈팅스타' '이상한 나라의 솜사탕' '마법사의 할로윈'. #고르는재미가있다

2 '공책에 이름을 적는 것만으로 사람을 죽일 수 있다'는 충격적인 설정으로 출간 당시 신드롬을 일으켰던 만화.

3 1997년 처음 개설된 대한민국의 대표적인 포털 사이트. 가장 대표적인 '검색'뿐 아니라 지식in, 블로그, 카페, 웹툰, 지도, 사전, 쇼핑 등 다양한 서비스를 제공하며 한국인의 '인터넷 서핑'에 지대한 영향을 미쳤다.

4 타자가 친 공이 그라운드 안 페어 지역에 떨어지고, 공보다 먼저 타자가 1루에 도착하는 것. 단, 수비수가 공을 떨어뜨리거나 흘리는 등 실책을 하면 'OO'로 기록되지 않는다.

5 1636년부터 1637년까지 벌어진 조선과 청나라의 전쟁. #전쟁이라기보다는침략에가까운 #삼전도의굴욕

6 배달하는 집배원, 물건 파는 판매원, 기타 치는 김태원, 모두 모여 OOO. #프리덤

7 모노OOO, 막장OOO, 웹OOO, 일일OOO, 월화OOO, 수목OOO.

8 미국의 제37대 대통령. 재선을 위해 비밀 공작반이 민주당 관계자들의 대화를 도청하려다 발각된 '워터게이트' 사건으로 인해 대통령직을 사임했다. #임기중사임은최초 #리처드OO

9 경제적인 문제로 살림살이를 꾸려나가기 괴로운 상황을 가리키는 말. #OOO를겪다 #OOO를딛고일어서다

10 일부러 땅을 둥근 모양으로 팠거나, 외부 압력에 의해 땅이 움푹하게 파인 곳을 가리키는 말. #불OOO #pit

11 음악보다 '돈까스'로 더 많이 알려진 래퍼. 레이블 '저스트뮤직'을 설립했다가 대표직을 내려놓았다. #나보다센사람솔직히없지 #뭔말인지알아요?

12 작은 일에 집착하다가 큰일을 그르치게 된다는 뜻의 속담. 'OO 잡으려다 초가삼간 다 태운다.'

13 싸이, 인순이, 김경호의 노래 제목. #이제야깨달아요어찌그렇게사셨나요 #서로사랑을하고서로미워도하고 #나죽어다시태어나도잊을수없는사람

14 헤르만 헤세의 대표작. "새는 알에서 나오기 위해 투쟁한다. 알은 세계이다. 누구든지 태어나려고 하는 자는 하나의 세계를 파괴하지 않으면 안 된다." #에밀싱클레어

15 ① 제방에 물이 새는 것을 보고, 밤새 자기 손으로 구멍을 막아서 마을을 지킨 OOOO 소년. ② 월드컵에서 한국팀에 5:0으로 승리한 나라. ③ 국기에 흰색, 파란색, 빨간색이 들어 있는 나라.

16 제임스 카메론 감독이 연출하고, 레오나르도 디카프리오와 케이트 윈슬렛이 출연한

정답: 119쪽

영화. 그해 아카데미 시상식에서 14개 부분에 지명되어 11개 부문을 수상했다.

17 아플 때 가는 곳. 그런데 전염병이 유행할 때는 오히려 가기 무서운 곳.

18 1980년대 초반에 출시되어 큰 인기를 끌었던 삼성전자의 휴대용 카세트 브랜드.

19 "오 놀라워라 그대 향한 내 마음 / 오 새로워라 처음 보는 내 모습" #윤종신

20 옆에서 보기에 답답한 사람을 가리켜 '○○○'에 비유하곤 한다.

24

1 1994년에 데뷔한 남성 듀오. 1990년대의 발라드를 얘기할 때 빠지지 않고 언급된다. #사랑을할거야사랑을할거야아무도모르게너만을위하여 #하루만오늘더하루만준비할수있도록시간을내게줘

2 ① 지구 표면을 둘러싼 얇은 층. ② 감각 기관을 통해 대상을 인식하는 것. ③ 정해진 시간에 늦는 것. #○○대장

3 목적을 갖고 한 사람(혹은 여러 명)을 만나 질문을 던지고 답변을 듣는 일. 기자, 리포터 등이 일상적으로 자주 하는 일이다.

4 과거에는 시대를 풍미한 밴드의 보컬로 이름을 알렸고, 요즘은 예능 프로그램 출연자로 더 활발하게 활동하고 있다. 노래할 때의 독특한 제스처와 창법으로 인터넷에서 자주 회자된다. #쌈자신

5 《삼국지》에 등장하는 인물 중 똑똑한 사람 중 하나. 삼고초려, 읍참마속, 출사표 등 이 사람과 관련된 표현들은 지금까지도 많이 쓰인다.

6 팔을 쭉 펴고, 다리를 쭉 뻗고, 목이나 어깨를 돌리는 등 몸의 근육을 늘이면서 굳어 있는 부분을 풀어주는 운동.

7 미국의 제44대 대통령으로, 백인이 아닌 사람 중 미국 대통령이 된 건 그가 처음이다. #버락후세인○○○2세 #YesWeCan!

8 2000년 6월 13일~15일, 2007년 10월 2일~4일, 2018년 4월 27일, 2018년 5월 26일, 2018년 9월 18일~20일.

9 본업이 있는 상태에서 한 가지 직업을 더 갖고 벌이를 하는 것. #사이드잡 #부업 #콩글리쉬

10 '여러 사람의 말이 일치한다'는 뜻의 사자성어. 다를 ○, 입 ○, 같을 ○, 소리 ○.

11 2013년 첫방송을 시작으로 시즌 4까지 제작된 tvN 예능 프로그램. "여러분은 과정과 결과, 집단과 개인, 아름다운 패배와 추악한 승리. 그 사이에서 갈등하게 될 것입니다." #게임의법칙 #룰브레이커 #블랙가넷 #그랜드파이널

12 '특정 대상에 대해 편견을 갖고 부정적으로 바라보는 행동'을 지적할 때 '○○○을 끼고 본다'라고 비유적으로 표현한다.

13 동화작가 안데르센의 대표작. 동화로서는 이례적으로 '새드 엔딩'이다. 디즈니 애니메이션으로 제작되어 크게 히트했다. #안다다씨

14 노란 꽃잎을 가진 식물. 꽃이 지고 나서 나오는 씨앗들은 바람을 타고 날아가 널리 퍼진다. #일편단심○○○

15 식재료에 뜨거운 연기를 쏘인 뒤 건조시켜서 맛을 내는 조리법. #○○오리 #○○연어 #○○닭가슴살

16 한 명은 솔로, 두 명은 듀오, 세 명은? #네명은쿼텟 #다섯명은퀸텟

17 백두산에 '천지'가 있다면 한라산에는 ○○○이 있다.

정답 : 119쪽

18 사기꾼과 미리 짜고 옆에서 주의를 분산시킴으로써 '호구'를 속이는 데 일조하는 사람을 가리키는 말.

19 성공한 사람들은 대개 매일 시간을 정해놓고 '이것'을 한다고 알려져 있다. 특히 미국에서는 이것이 유행하여 'Calm' 같은 서비스가 큰 인기를 끌고 있다.

20 ① 강타의 솔로 데뷔곡 제목. "괜찮은 건지 혹시 내 생각에 힘겹진 않은지 그럴 리 없겠지만 / 바보 같은 난 아직도 많이 모자라 널 잊기엔 많이 부족해" ② 캄캄한 밤하늘에서 눈에 띄는 몇 안 되는 별 중 하나.

25

1 삼양식품에서 2012년 출시한 라면 브랜드. 매우 매워서 다 먹고 나서도 혀가 얼얼한데 묘하게 중독성 있다. #TMI #짜파게티와섞어먹으면더맛있다

2 직장인이 기간을 정해놓고 쉬는 것. #여름○○ #말년○○ #출산○○

3 대역죄를 범한 죄인에게 내리던 극형. 살을 얇게 베어내서 죽이는 것으로, 묘사하기 힘들 만큼 잔인하다.

4 현대인의 라이프스타일을 완전히 바꿔버린 전자기기 등 수많은 기능이 모두 이 물건 하나에 들어 있다.

5 ① 본인에게 좀 더 유리한 방향으로 상황을 조작하기 위해 입력하는 특정 명령어. 스타크래프트의 'show me the money', 임진록의 '돈벼락과 돈방석'. ② 방송에 게스트로 출연하기만 하면 입담으로 빵빵 터뜨리는 연예인을 '예능 ○○○'라 부른다.

6 입으로 바람을 불어 넣거나, 손에 들고 달려서 바람을 맞게 해 날개가 돌아가게 하며 노는 장난감.

7 새하얀 눈으로 덮여 있는 동시에 화산 지형이 많아 '얼음과 불의 나라'로 흔히 불린다. 오로라를 보기 위해 찾는 여행객들이 많다. #수도는레이캬비크

8 2018년 출시된 모빌리티 서비스. 택시에 비해 가격이 약간 비싸지만 탁월한 편의성으로 젊은 세대 사이에서 큰 호응을 얻었다.

9 ① '생방송'을 뜻하는 영어식 표현. ② 가수가 부르는 시늉만 하는 것이 아니라 실제로 부르는 것. ③ 정유미, 이광수, 배성우, 배종옥 등이 출연한 tvN 드라마.

10 한 시즌에 타율,' 홈런, 타점 부문에서 모두 1위를 차지한 타자 또는 한 시즌에 평균자책점, 다승, 탈삼진 부문에서 모두 1위를 차지한 투수. #왕관이세개면?

11 나폴레옹 왈, "내 사전에 ○○○은 없다."

12 식사를 하고 나서 입가심 개념으로 먹는 달달한 간식을 통틀어 이르는 말. "원래 밥배랑 ○○○ 배는 따로 있는거야!"

13 "꿈으로 가득찬 설레이는 이 가슴에 / 사랑을 쓰려거든 연필로 쓰세요 / 사랑을 쓰다가 쓰다가 틀리면 / ○○○로 깨끗이 지워야 하니까" #○○○따먹기

14 농어목 고등어과 다랑어족에 속하는 물고기들을 흔히 부르는 말. 회로 먹거나 초밥의 재료로 쓰이고, 통조림으로도 자주 먹는다. #무한리필 #동원○○

15 하정우, 성동일 등이 출연한 영화 〈국가대표〉의 주인공들이 출전한 올림픽 종목은? #○○점프

16 JYP 걸그룹. 'Cheer up' 'T.T' 'Yes or yes' 'Heart shaker' 'Fancy' 'What is love?' 등 발표하는 곡마다 히트했다.

17 파트너끼리 다리를 감고 몸이 밀착된 상태로 추는 춤. 제니퍼 로페즈의 'On the floor'를 들으면 익숙한 멜로디가 흘러나오는데,

정답: 120쪽

이 멜로디의 원곡 제목 역시 'OOO'이다.
18 계란을 풀어 기름 두른 후라이팬에 얇게
펴서 돌돌 말아낸 한국 음식.
19 소리를 녹음하거나 재생할 수 있는 기계.
데이터가 들어 있는 긴 테이프를 넣으면
된다. #아이리버 #소니

20 ① 《다빈치 코드》를 쓴 사람은 댄 OOO.
② 소설가 G.K. 체스터튼이 창조해낸 탐정
은 OOO 신부. ③ 〈피너츠〉에 스누피와
함께 등장하는 주인공은 찰리 OOO.
④ 라인 캐릭터 이름은 그냥 OOO.

26

가로 열쇠

1 1972년 제작되어 아카데미 시상식 작품상, 남우주연상, 각색상을 받은 고전영화. 큰 인기를 얻어 이후 속편들의 개봉으로 이어졌다. 영화 내내 흐르던 음악은 요즘도 여기저기에 자주 삽입될 정도로 유명하다. #거절할수없는제안을하지

2 ① 푸른색 리트머스 종이에 ○○ 용액을 떨어뜨리면 붉은색으로 변한다. ② 적의 공격을 방어하기 위해 높은 곳에 쌓는 지형물. #행주○○ #남한○○

3 어니스트 헤밍웨이의 대표작. 80일 넘게 바다에 나가면서도 고기 한 마리 잡지 못했던 어부가 청새치 한 마리를 낚고 돌아오는 길에 벌어지는 이야기.

4 ① 연예인 컨디션 관리, 차량 운전 등의 여러 일을 도맡아 하는 직업을 가리키는 말. ② 직원들의 성과를 관리하고, 기업 경영과 관련된 의사결정을 내리는 사람.

5 현재 지구에서 가장 잘 나가는 나라 중 하나. 아니, 현재뿐 아니라 100년 넘게 국제정세를 쥐락펴락하는 나라. #용산 #평택

6 아군이 전투에서 이겼음을 알리는 기록. 전쟁이 거의 일어나지 않는 요즘 들어서는, 스포츠 경기 결과를 알릴 때 자주 사용하는 표현이다. #○○○를전합니다

7 연극, 뮤지컬, 음악회 등 공연이 끝난 뒤 관객이 박수와 환호성을 보내면 출연진들이 다시 무대로 나오는 것을 가리키는 말.

8 "나는 ○○○○○ 안 좋아해."라고 말하는 사람은 많지만, 제일 많이 팔리는 책 종류 또한 '○○○○○'다.

9 전 세계적으로 유명한 한국 영화 중 하나. "웃어라, 온 세상이 함께 웃어줄 것이다. 울어라, 너 혼자 울게 될 것이다." #누구냐넌

10 "나는 낭만 고양이 슬픈 도시를 비춰 춤추는 작은 별빛 / 나는 낭만 고양이 홀로 떠나가버린 깊고 슬픈 나의 바다여"

세로 열쇠

11 롯데 자이언츠 팬들이 즐겨 부르는 노래 제목. "지금은 그 어디서 내 생각 잊었는가 꽃처럼 어여쁜 그 이름도 고왔던 순이 순이야" #너는정녕나를잊었나

12 ① '소떡소떡'과 함께, 고속도로 휴게소에서 사람들을 유혹하는 음식. ② "너는 내가 빙다리 ○○지로 보이냐?"

13 '원인과 결과에는 반드시 그 이유가 있다'는 뜻의 사자성어. 인할 ○, 열매 ○, 응할 ○, 갚을 ○.

14 구겨진 와이셔츠 등을 보기 좋게 정리하기 위해 사용하는 생활용품. 예전엔 달궈진 ○○○ 때문에 화상을 입는 경우도 많았다. #이제는 #스팀

15 죽을 때가 다 된 사람을 데리러 오는 사람. 엄밀히 따지면 '사람'은 아니다. 아직 본 적은 없지만 인상착의를 말하자면, 얼굴은 매우 희고, 키가 크고, 입술이 검다.

16 문서를 작성할 때 깜박거리는, '세로로 긴 작대기 모양의 선'을 가리키는 말.

¹								
	¹¹						¹²	
²			³					
				¹³			¹⁴	
⁴						⁵		
		¹⁵	⁶					
				⁷		¹⁶		¹⁷
⁸			¹⁸					
						¹⁹		
⁹								
²⁰		¹⁰						

정답: 120쪽

---

17 가장 대표적인 탄산음료. "우리의 경쟁상 대는 다른 음료수가 아니라 물이다." #북 극곰

18 한 계좌에 들어 있던 돈을 다른 계좌로 옮 기는 것. 옛날엔 은행에서나 할 수 있었지 만 요즘은 스마트폰으로 다 한다.

19 데스크탑, 키보드, 마우스 다 있어도 ○○ ○가 없으면 아무것도 할 수가 없다.

20 ① 가르마를 타지 않고 뒤로 머리카락을 쫙 넘기는 것을 '○○머리'라고 한다. ② 시 험의 모든 과목에서 100점을 받았을 때 '○○'이라고 한다.

27

1 애플에서 출시한 무선 이어폰. 출시 때만 해도 '콩나물 대가리 같다' '저걸 누가 10만 원 넘게 주고 사겠냐' 등의 조롱을 들었으나 이젠 지하철이나 길거리에서 '콩나물 대가리'를 귀에 꽂고 있는 사람을 흔히 볼 수 있다.

2 《삼국지》에 등장하는 장군. 유비의 어린 아들을 품에 안은 채 조조군의 포위를 뚫어낸 일화가 유명하다. #상산〇〇〇

3 선을 연결하지 않고 음악을 듣는 방법에는 여러 가지가 있다. [가로 열쇠 1번] 같은 이어폰을 귀에 꽂거나, 블루투스 〇〇〇를 연결하거나.

4 '탄산나트륨'의 다른 말. #데미〇〇 #베이킹〇〇

5 드라마 〈태릉선수촌〉 〈파스타〉 〈미스코리아〉 〈나의 아저씨〉 등에 출연한 배우. #봉골레하나 #크림소스스파게티하나

6 거짓말하면 코가 길어지는 인형. #사랑과우정사이

7 아프리카 서쪽에 위치한 연방 공화국. 아프리카에서 인구가 가장 많다. 수도는 '아부자'이다.

8 ① 〇〇〇을 외자! 〇〇〇을 외자! ② 데뷔 당시 9명이었으나 한 명이 탈퇴한 이후 해체한 걸그룹.

9 2018년 3월 31일 563회를 끝으로 종영한 MBC 예능 프로그램. 대한민국의 예능은 '〇〇〇〇' 이전과 이후로 나뉜다고 할 만큼 예능계에 많은 영향을 미쳤고 큰 인기를 얻었다.

10 어린이날을 만든 사람.

11 마블 시네마틱 유니버스 내에서 결성된 슈퍼히어로 그룹. 아이언맨, 캡틴 아메리카가 주축이고 블랙 위도우, 토르, 헐크 등이 주요 멤버다.

12 '뜨거운 〇〇' '오! 〇〇', 고구마의 영원한 라이벌은 〇〇, 강원도의 대표 특산물 〇〇, 하루에 한 번씩은 머리를 〇〇!

13 영화 〈다크 나이트〉에서 배트맨보다 더 강한 인상을 남긴 빌런. 임팩트가 워낙 컸던 덕분에 단독 영화로도 만들어져 큰 인기를 누렸다. 호아킨 피닉스는 이 영화로 아카데미 남우주연상을 받았다. #히스레저

14 ① '여리게 연주하세요'라는 뜻의 음악 용어. ② 그랜드〇〇〇, 디지털〇〇〇, 〇〇〇 페달.

15 연말이 되면 모두가 서점에 가서 이것을 사지만, 3월이 채 끝나기 전에 서랍 깊숙한 곳에 박혀 다시는 열리지 않는 것.

16 진화생물학자 제레드 다이아몬드가 무기, 병균, 금속이 인류의 문명을 어떻게 바꿨는지 분석한 책.

17 〈타이타닉〉과 〈로미오와 줄리엣〉에 출연한 배우, 르네상스 시대 다방면에서 활약한 예술가의 공통점.

18 콩나물, 양념, 미나리, 미더덕 등과 함께 생

정답: 121쪽

선을 푹 쪄서 만든 매콤한 요리.

19 비참한 지경에 처해 그 고통에서 헤어나오
려고 비명을 지르며 몸부림치는 광경을 이
르는 사자성어. #이곳은지금○○○○입
니다

20 김밥에 꼭 들어가야 함. #yellow

28

가로 열쇠

1 드라마, 영화, [세로 열쇠 12번] 등에서 두루 활약하고 있는 배우. 대표작은 〈슬기로운 의사생활〉 〈질투의 화신〉 〈오 나의 귀신님〉 등이 있다. #거미남편

2 ① 그리스 신화에 등장하는 학문과 예술의 여신. ② 'Plug in baby' 'Time is running out' 등의 히트곡을 발표한 록밴드.

3 고기, 해삼, 죽순, 버섯 등을 가늘게 썰어 넣고 볶아서 걸쭉하게 만든 중국요리. 예능 프로그램 〈놀면 뭐하니〉에서 트로트 가수로 변신한 유재석의 예명이기도 하다. #사랑의재개발 #합정역5번출구

4 자신의 개성을 드러내기 위해 자신에게 어울리는, 혹은 자신의 정체성을 잘 드러내는 색깔을 정해둔 것. 화장할 때 자신의 피부 톤과 어울리는 색상을 활용하는 것을 뜻하기도 한다. #웜톤 #쿨톤 #직역하면 개인적색깔 #ㅍㅅㄴㅋㄹ

5 유비가 제갈공명을 책사로 데려오기 위해 세 번이나 찾아간 것에서 유래한 고사성어.

6 여름방학, 겨울방학을 앞두고 치는 시험.

7 모터로 날개를 돌려 바람을 일으키는 가전제품. 부채와 에어컨 사이에 이것이 있다. #○○○틀고자면죽는다는건도시괴담

8 '시치미를 뚝 떼고 겉으로 아무렇지 않은 척 하는 태도'를 가리켜 '○○○스럽다'고 한다.

9 2011년 데뷔한 6인조 걸그룹. 'Mr. Chu' 'NoNoNo' '1도 없어' 등 많은 히트곡을 보유하고 있다. 정은지, 손나은을 비롯한 멤버들 모두 다양한 방면에서 개인 활동도 활발히 하고 있다.

10 1929년 시작되어 1930년대까지 이어진 세계 경제 위기. 세계 경제 거품이 꺼지고 금융시장이 무너지면서 역대급 경기 침체로 이어졌다. #GreatDepression

세로 열쇠

11 땅에서 나는 기름으로, 산업사회에 없어서는 안 될 소중한 자원이다. 그래서 이것 때문에 국가 간 분쟁이 끊임없이 일어나고 있다.

12 모차르트, 서편제, 오페라의 유령, 드라큘라, 미스 사이공, 레베카, 맘마미아, 그리스, 캣츠, 지킬 앤 하이드, 레미제라블….

13 "오, 나를 바라보는 그대 눈빛 / 말하지 않아도 우리의 마지막을 난 준비하려 해 / 오, 나의 사랑을 속여 가며 웃음지으려 한 건 / 뒤돌아 흘릴 눈물 눈물 때문이야 워우워" #난가끔씩그대생각을할때마다 #나가끔그대생각을할때마다

14 '시소'와 비슷한 형태지만 훨씬 더 위험한(?) 민속놀이. 한 사람이 내려오면 반대편의 다른 사람이 올라가는 구조다.

15 이탈리아 토스카나주에 위치한 도시. 도시 자체보다 한쪽으로 기울어진 '○○의 사탑'으로 더 유명하다. #갈릴레오갈릴레이

16 아버지의 남자 형제. 그는 나를 '조카'라고 부른다.

17 "○○○ ○○○ 수정 ○○○ ○○○ 따다
가 / 발을 엮어서 각시방 영창에 달아놓아
요" #각시님각시님안녕하세요

18 스팸에 밀려 항상 '2등'의 위치를 벗어나지
못하는 비운의 햄 브랜드.

19 신라 최초로 여왕의 자리에 올라, 16년간

나라를 다스렸다. MBC 드라마로도 만들
어져 큰 인기를 얻은 바 있다. #고현정은
미실 #이요원이○○○○

20 주방을 구성하는 요소 중 하나로, 이곳에
서는 주로 설거지를 한다.

29

1 성악에서 가장 높은 음역을 가리키는 말.
베이스－바리톤－테너－메조 ○○○○－
○○○○.

2 일상생활에서 기본적으로 갖춰야 할 예의
와 절차를 통칭하는 말. "우리 아버지는 평
소 온화하셨지만, ○○○○에 어긋나는 행
동을 하면 호되게 혼내셨습니다."

3 컴퓨터 주변기기 중 하나. 이것 없이 피파
는 할 수 있지만 이것 없이 스타크래프트
를 하기는 힘들다.

4 미국의 50번째 주. 태평양의 낙원이라 불
릴 만큼 대표적인 신혼 여행지였으나 코
로나19 이후에는 모두 제주도로 통일….
#어두운불빛아래촛불하나 #니가가라○
○○

5 판소리 〈수궁가〉를 기반으로 한 조선시대
의 고대 소설. '간이 배 밖으로 나왔다'는
토끼의 말을 너무 쉽게 믿어버린 자라의
슬픈 이야기.

6 남의 말을 귀담아 듣지 않고 한 귀로 듣고
한 귀로 흘리는 사람을 가리키는 말. 말 ○,
귀 ○, 동녘 ○, 바람 ○. #내귀를막고세상
닫고내맘한길로 #배치기

7 ① 스타크래프트에서 저그 종족의 일꾼 이
름. ② 무선 조종이 가능한 비행체. 군사적
목적으로 처음 생겨났으나 촬영, 배송 등
다방면으로 활용되고 있다.

8 서울시 강남구에 위치한 두 개의 무덤을
묶어 부르는 말. #9호선과분당선 #강남구

청과선릉사이 #삼성중앙과언주사이

9 교육 목표를 달성하기 위해 절차에 맞게
체계적으로 편성한 학습 계획을 일컫는
말. #교육과정

10 이스라엘에서 개발된 보드게임. 빨강, 파
랑, 노랑, 검정, 네 가지 색깔의 숫자가 적
힌 엄지손가락 크기의 패를 조합한다.

11 ① 2018 러시아 월드컵 우승국. ② 국가는
'La Marseillaise'. ③ 2021년 여름 현재
대통령 이름은 에마뉘엘 마크롱.

12 "넌 나를 원해, 넌 내게 빠져, 넌 내게 미쳐,
넌 나의 ○○, I got you~ under my skin"
#주문_MIROTIC #동방신기

13 이 유행어는 어느 영화에 나오는 대사일까
요? "느그 서장 남천동 살제? 어? 내가 인
마 느그 서장이랑 인마! 어저께도! 같이 밥
묵고 어? 사우나도 같이 가고! 마 다 했
어!" #나쁜놈들전성시대

14 어릴 때 ○○ 많이 먹으면 키 큰다고 해서
열심히 마셨지만 키는 크지 않았다. #ㅜㅠ

15 찰스 다윈이 저서 《종의 기원》에서 주장한
이론. 현대 생물학 발전의 토대가 되었다.

16 ① 미국 경제와 일상생활에 막대한 영향을
끼치고 있는 IT기업. ② 세계에서 가장 넓
은 열대우림. '지구의 허파'라 불린다.

17 아프리카TV의 특정 방송을 후원하고 싶다
면 ○○○을 쏘세요!

18 사람의 피를 빨아먹는다. 마늘과 십자가를

	1							
		11		2	12			
3						13		
		14			4			
								15
	16	5		17			7	
6								18
		8		19		9		
		10				20		

정답 : 122쪽

무서워한다. 햇빛을 싫어한다. #루마니아
#○○○○백작

19 2019년에는 '김지영'을, 2020년에는 '안은
영'을 연기한 배우. 2021년엔 한옥 체험 리
얼리티 '윤스테이'에 출연했다.

20 야구에서 투수가 던지는 변화구의 일종.

포물선을 그리며 떨어지는 각이 크다. #너
클○○ #슬로○○

30

1 아무리 여러 번 들어도 한 번 보는 것만 못하다. #○○이○○○○ #고사성어

2 1986년 동아일보에서 처음 창간된 과학잡지. "과학을 느끼는 즐거움, 미래를 보는 창." 국내에서 발행되는 과학 전문 미디어 중 가장 역사가 길다.

3 이래야 할지 저래야 할지 선택하기 어려울 때, 결정을 잠시 뒤로 늦추는 것. "좀 더 확실해질 때까지 저는 판단을 ○○하겠습니다."

4 2005년 개봉해 천만 관객을 동원한 이준익 감독의 영화. 감우성, 이준기, 정진영, 강성연, 유해진 등이 출연했다. #나여기있고너거기있지 #두말할것없이광대

5 중동 호흡기 증후군. 2015년 국내에 첫 감염자가 나온 이후, 총 186명의 환자가 발생했다. #이것도코로나바이러스

6 서울 광진구 자양동 435. 성수동, 자양동, 구의동 일대에 위치해 있으며 피크닉 나온 가족, 연인들이 많다. #○○유원지

7 ① 쌀 vs 밀, ② 엽기 vs 즉석, ③ 단짝은 튀김과 순대, 요새는 감튀.

8 '에취!' 코의 점막이 자극을 받아 일어나는 일종의 반사작용. 냄새나 먼지는 물론, 강한 빛을 봐도 이것이 나온다. 기침과는 다르다.

9 다시 반격할 수 없게끔 보이는 모든 것을 파괴하는 전략. #쑥대밭 #焦土化

10 가장 오래된 폭발물로, 인류 최초의 ○○은 황, 초석, 목탄 등을 배합한 것으로 알려져 있다. #최무선

11 앨범으로 발표한 노래 못지않게 유튜브의 미발표곡 라이브 영상이 더 큰 화제를 낳았던 가수. #Square #그건아마우리의잘못은아닐거야

12 "나 하나쯤이야!" "나만 아니면 돼!" #무한○○○○

13 호두, 아몬드, 캐슈넛, 마카다미아 등을 일컫는 말. 각종 영양소가 풍부하다. 땅콩은 ○○○가 아니라는 충격적인 사실.

14 나이키와 함께 가장 인지도가 높은 독일의 스포츠 용품 브랜드. #삼선슬리퍼 #불가능그것은아무것도아니다

15 강원도 춘천시 남산면 ○○○길 1. 가을에는 단풍여행, 겨울에는 눈사람 사진 찍으러 간다. #커플지옥 #나미나라공화국

16 밀가루 또는 찹쌀 반죽 안에 설탕을 넣고 납작하고 눌러 굽는 음식으로, 보통 길거리에서 많이 판다. #꿀이뚝뚝

17 2003년 런칭한 후 20년 가까이 사랑받고 있는 넥슨의 온라인 2D RPG게임. #엘리니아 #발록

18 〈신세계〉에서는 "거 장난이 너무 심한 거 아니오?", 〈관상〉에서는 "내가 왕이 될 상인가?" #암살 #신과함께 #도둑들 #오징어게임 #456번

19 "한 ○○○ 하실래예?" #보글보글 #김치

정답: 122쪽

찌개 #계란찜

20 ① 꽃말은 '가련함'. ② 〈슬기로운 의사생
활〉에서 전미도의 극중 이름. #사랑하게
될줄알았어 #우리처음만난그날에

31

가로 열쇠

1 인류 역사상 가장 많이 팔린 책은? #삼국지아니고요 #시크릿아니고요

2 만화영화 〈아기공룡 둘리〉의 등장인물. 머리는 노랗고 코는 빨갛다. 우주선 '타임 코스모스'가 고장 나 지구에 오게 된 외계인. #깐따삐야별

3 저 멀리 뭔가가 보이는 것 같은데 실제로는 존재하지 않는 현상. 사막에서 이러한 현상이 자주 일어난다.

4 ① 악기 없이 특정 음 하나만 듣고도 음계를 판별하는 능력. ② '낱!말퍼즐, 낱말!퍼즐, 낱말퍼!즐, 낱말퍼즐!'.

5 아침 대용으로 우유와 함께 먹는 패스트푸드. 이걸 만드는 브랜드로는 '켈로그'와 '포스트'가 양대산맥. #먹으면호랑이기운이솟아나요

6 인간의 능력이나 노력을 초월하는 천운이 크게 작용해, 좋은 일이 일어난다는 뜻의 사자성어. 성인남녀가 희망하는 새해 소망 사자성어 1위는 '만사형통', 2위는 '○○○○'.

7 핑클의 히트곡 중 하나. "항상 나의 곁에 있어줘 / 꼭 네게만 내 꿈을 맡기고 싶어 / 들어봐 언제까지 내 맘에 하나뿐인 소중한 그 사람 / 너뿐이야" #약속해줘

8 땀 흘리는 이모티콘을 만들 때 사용하는 문장 부호. #한글로는쌍반점 #영어로는?

9 손가락을 튕기는 '핑거 스냅' 장면으로 엄청난 임팩트를 남긴 마블 세계관의 빌런.

10 몸집이 커다란 괴물이 대거 나타나 인간을 잡아먹는 디스토피아를 그려낸 만화. #이사야마하지메

세로 열쇠

11 관동팔경에 속하는 강릉의 대표적인 해안 관광지. #보물제2046호

12 굳게 믿었던 사람이 내 믿음을 저버렸을 때 느끼는 감정.

13 야구에서 투수가 투구하는 틈을 타, 주자가 다음 베이스로의 진루를 시도하는 행위. 이걸 잘하려면 빠른 발 외에도 투수의 타이밍을 뺏을 줄 알아야 한다. #바람의아들 #stolenbase

14 ① 라쿤과 비슷하게 생긴 갯과 동물. ② 면발이 굵은 농심의 라면 브랜드. 짜파게티와 섞어 먹어도 맛있다.

15 연예인이나 스포츠 선수들이 흔하게 저지르고 자숙에 들어가는 행동 중 하나. #대리를부릅시다

16 ① 2021년 11월 현재 서울의 ○○은 오세훈이다. ② 종로의 광장○○에서는 낙지탕탕이, 빈대떡, 꽈배기 등 맛있는 음식을 많이 먹을 수 있다.

17 술래가 뛰어다니며 나머지 아이들을 잡는 놀이. 앞 두 글자 '○○!'을 외치면 술래가 잡을 수 없지만, 대신 움직일 수 없다. 다른 친구가 마지막 글자 '○!'을 외치며 터치해 주면 다시 움직일 수 있다.

18 발해를 세운 사람. #최수종아닙니다

<table>
<tr><td>1</td><td></td><td></td><td></td><td>2</td><td></td><td></td><td></td><td></td></tr>
<tr><td></td><td>11</td><td></td><td>12</td><td></td><td>13</td><td></td><td>14</td><td></td></tr>
<tr><td></td><td></td><td>3</td><td></td><td></td><td></td><td></td><td></td><td></td></tr>
<tr><td>4</td><td></td><td></td><td></td><td></td><td>5</td><td></td><td></td><td></td></tr>
<tr><td></td><td></td><td>15</td><td></td><td></td><td></td><td>16</td><td></td><td>17</td></tr>
<tr><td></td><td></td><td></td><td></td><td></td><td></td><td></td><td></td><td></td></tr>
<tr><td></td><td>6</td><td></td><td></td><td></td><td></td><td></td><td></td><td></td></tr>
<tr><td></td><td></td><td></td><td>18</td><td></td><td></td><td></td><td></td><td></td></tr>
<tr><td></td><td></td><td>7</td><td></td><td></td><td></td><td></td><td></td><td></td></tr>
<tr><td></td><td>19</td><td></td><td></td><td>20</td><td></td><td></td><td></td><td></td></tr>
<tr><td>8</td><td></td><td></td><td></td><td></td><td></td><td></td><td></td><td></td></tr>
<tr><td></td><td></td><td></td><td>9</td><td></td><td></td><td></td><td></td><td></td></tr>
<tr><td></td><td>10</td><td></td><td></td><td></td><td></td><td></td><td></td><td></td></tr>
</table>

정답: 123쪽

19 넘쳐흐를 정도로 재미가 있어 관심이 가는
상황을 뜻하는 사자성어.

20 본명은 정지원. 〈쇼미더머니 9〉에서 특색
있는 목소리와 탄탄한 실력으로 릴보이와
의 환상적인 호흡을 보여준 가수. #MSG
워너비 #곱슬머리

32

가로 열쇠

1 오디션 프로그램 출신 가수. 히트곡이 너무 많다. #그대여그대여그대여 #이거리를너와함께걷고싶다 #걷다가보면항상이렇게너를 #나를떨리게하나요그대

2 자산 총액이 5조 원 이상인 공시대상 기업집단, 10조 원 이상인 상호출자제한 기업집단을 일컫는 말. 연봉이 세고 고용도 안정적이라 취업준비생들이 들어가고 싶어 하는 경우가 많다.

3 이름을 밝히지 않는 것. "인터넷에서는 ○○으로 활동하다 보니 악플이 심하다. 실명제를 도입하자."

4 썩은 이. 양치를 자주 안 하고 단것을 많이 먹으면 생긴다. #벌레가파먹은듯

5 엄마는 외계인, 아몬드 봉봉, 사랑에 빠진 딸기, ○○○○○ 아몬드. #최애는민트초코칩입니다

6 자동차가 이동할 수 있게 차체에 끼워 만든 고무바퀴. "앗! ○○○ 신발보다 싸다!"

7 한밤중에 무덤에서 나와 살아 있는 인간의 피를 빨아먹으며 생명력을 얻는 시체. #트와일라잇 #황혼에서새벽까지 #안녕프란체스카

8 대한민국 헌법 공포를 기념하는 날. #7월 17일

9 ① 뭔가를 매우 잘하는 사람. ② 〈피아노〉 〈머니게임〉 〈고지전〉 〈남한산성〉 등에 출연한 배우. ③ 특유의 향 때문에 호불호가 심한 채소.

10 "오늘의 ○○를 알려드리겠습니다. 전국적으로 맑겠으며 곳에 따라 소나기가…."

세로 열쇠

11 된장이나 고추장 등을 발효시키는 곳이다. 보통 뒤뜰에 보관한다. #냉장고고추장○○○○대나무지개

12 영국의 극작가. 《로미오와 줄리엣》《햄릿》《베니스의 상인》《맥베스》《리어왕》 등 대표작 목록이 무시무시하다. #윌리엄○○○○○

13 아이폰과 연동할 수 있는 스마트워치. 2015년에 처음 출시되었다. 현재는 혈중산소 측정, 심전도 등을 알려줄 정도로 발전했다.

14 ① 다른 동물에게 붙어 양분을 얻는 무척추동물. ② 2019 칸 영화제 황금종려상과 2020 아카데미 작품상을 동시에 받은 영화. #제시카외동딸일리노이시카고과선배는김진모그는네사촌

15 물 속에서 가장 빠른 생물은 돛새치, 땅 위에서 가장 빠른 동물은?

16 ① 오삼불고기의 '오'. ② 456억 상금이 걸린 서바이벌 게임에 도전하는 사람들의 이야기를 담은 넷플릭스 드라마 제목의 앞 세 글자. #우린깐부잖아

17 〈달콤한 인생〉에서는 "나한테 왜 그랬어요?", 〈내부자들〉에서는 "모히또 가서 몰디브나 한 잔 할라니까"

18 '앵무새'를 뜻하는 에스페란토어. 네이버

정답: 123쪽

가 개발한 번역 서비스 이름이기도 하다.

19 상대방을 겁주거나 센 척할 때 자주 하는
말. "오늘이 니 ○○○이다"

20 씻고 나서 물기를 닦는 물건. 이게 더러워
지면 보통 '걸레'가 된다.

33

가로 열쇠

1 코로나19가 유행하면서 생활필수품이 되어버린 물건. 그리고 이젠 좀 벗어버리고 싶은 물건. #KF94

2 매년 마지막 공휴일이자 예수 그리스도의 탄생을 기념하는 날. 공휴일 당일보다는 전날을 더 낭만적으로 여기는 사람들이 많다.

3 특정 TV 프로그램을 보는 사람들의 비율. 프로그램의 인기가 어느 정도인지, 어느 지역의 어떤 연령층이 많이 보는지 파악하기 위해 조사하는데, 넷플릭스나 유튜브 등으로 영상을 보는 사람들이 늘어나면서 그 중요도가 하락하는 추세다.

4 고풍스러운 비주얼을 자랑하는 악기. 46~47개의 현을 갖는다. #유르페우스

5 ① 돌 모양의 초콜릿 이름. ② 청동기시대, 철기시대가 오기 전을 가리키는 말. #간돌도끼 #빗살무늬토기

6 잭 도시가 만든 소셜 네트워크 서비스. 서비스 이름은 '새의 울음소리'에서 유래했다. #파랑새 #RT

7 "모가지가 길어서 슬픈 짐승이여 / 언제나 점잖은 편 말이 없구나 / 관이 향기로운 너는 / 무척 높은 족속이었나보다" #노천명

8 사람들이 바닷가에서 만드는 것. 그러나 소재의 특성상 강한 바람이나 파도에 쉽게 무너져내린다. 그래서 '쉽게 무너져내리는 것'을 비유적으로 뜻하는 경우도 많다.

9 알파고, 시리, 자비스의 공통점.

10 북쪽은 황해도, 남쪽은 충청도, 동쪽은 강원도, 서쪽은 서해와 면해 있는 대한민국의 행정구역.

세로 열쇠

11 블리자드에서 만든 전략 시뮬레이션 게임. 이 게임 이후 e-스포츠가 활성화되었고, 게임 채널이 생겼고, PC방이 대거 등장했다. #showmethemoney

12 치안 업무를 관장하는 중앙행정기관. #○○○사람들

13 대표적인 대중교통 수단. 아이스 아메리카노 테이크아웃 잔을 들고 탈 수 없다. #메타○○ #인○○ #오토리○○ #유니○○

14 대한민국 배우 가운데 힘이 세 보이는 사람 중 하나. 〈부산행〉 〈베테랑〉 〈범죄도시〉 〈신과함께〉 등에 출연했다.

15 자연 과학에 관한 현상을 시험하고 연구할 수 있도록 만들어놓은 대. "대한민국의 부동산 정책, ○○○에 올랐다."

16 직장인들이 평일에 눈 뜨자마자 보는 것. 벽에 걸린 ○○일 수도 있고, 스마트폰 ○○일 수도 있다.

17 '역주행'의 대명사. "자꾸 ○○○로 흔들리는 나 / why don't you know don't you know don't you know" #EXID

18 개인이나 법인 소유의 땅. "이곳은 ○○○ 이므로 무단 출입을 금합니다."

19 2000년에 데뷔한 이래 '발라드'의 대명사가 된 가수. 2021년, 10년 만에 8집 앨범

〈ㅅ〉을 발표했다. #지금곁에서딴생각에
잠겨걸고있는그대 #잘자요

20 수도는 뉴델리.

34

1 입에서 입으로 전해 내려오던 민중들의 노래를 가리키는 말. #아리랑

2 대한민국에서 연기를 잘하는 배우 중 하나. 〈해피 엔드〉〈너는 내 운명〉〈스캔들-조선남녀상열지사〉〈멋진 하루〉〈하녀〉 등에 출연했으며 〈밀양〉으로 칸 국제영화제에서 여우주연상을 수상했다.

3 "낯실제 괴로움 다 잊으시고 / 기르실제 밤낮으로 애쓰는 마음 / 진자리 마른 자리 갈아 뉘시며 / 손발이 다 닳도록 고생하시네 / 하늘 아래 그 무엇이 넓다 하리오" #○○○마음

4 '범선'의 우리말. 바람을 이용해 원하는 방향, 원하는 속도로 나아갈 수 있다. #帆船

5 재판에서 어떠한 사실을 입증하기 위한 자료. 불법적으로 수집한 ○○는 인정되지 않는다.

6 클래식 역사상 위대한 음악가로 꼽히는 사람 중 하나. 음악가로서는 치명적인 청각장애를 극복하여 더욱 놀랍다. #영웅 #운명 #합창 #○○○바이러스 #루트비히판○○○

7 '이상한' 사람이 가는 병원. #으생각만해도가기싫어

8 서울 지하철 5호선과 9호선이 만나는 환승역. 신길과 여의나루 사이, 샛강과 국회의사당 사이.

9 레몬즙에 물, 설탕, 탄산수 따위를 넣어 만든 음료.

10 가까운 거리에서 선을 연결하지 않고 통신할 수 있는 기술. 카이사르를 암살한 로마의 정치가와 발음이 비슷하다. #에어팟

11 도로에서 교통법규를 위반하면 경찰이 차를 세우고 다가와 이것을 보여달라고 요구한다. #주민등록증도 #여권도없을때 #대신쓰이는신분증

12 드라마 〈미생〉에서 주인공 장그래가 새로운 프로젝트를 추진할 때 찾아가는 나라. #서아시아 #수도는암만

13 "흐르는 강물을 거꾸로 거슬러 오르는 / ○○들의 도무지 알 수 없는 그들만의 신비한 이유처럼 / 그 언제서부터인가 걸어 걸어 걸어오는 / 이 길 앞으로 얼마나 더 많이 가야만 하는지" #강산에

14 2017년 6월 22일 발표된 후 묻히는가 싶더니 라이브 영상이 뒤늦게 인기를 얻으며 역주행한 노래. 한때 코인노래방에 가면 남자들이 다 이 노래만 부르고 있었다. #윤종신

15 〈쇼미더머니 9〉에서 최종 Top4에 오른 래퍼. 본인만의 독특한 개성과 창의력으로 높은 평가를 받았고, 미란이와 함께 부른 'VVS'는 2020년 최고의 히트곡이 되었다.

16 외딴 섬에서 최대 100명의 플레이어가 다양한 무기와 전략을 이용하여 마지막 1명이 살아남는 순간까지 전투를 하는 온라인 게임. #크래프톤 #배틀로얄

정답: 124쪽

17 김동률과 이적이 결성한 듀오 카니발의 대표곡. #난난꿈이있었죠 #버려지고찢겨남루하여도

18 평평한 벤치에 누워 바벨을 반복적으로 들어올리는 상체 운동.

19 ① 태권도에서 실전처럼 두 사람이 서로의 공격 및 방어 실력을 가늠해보는 훈련을 가리키는 말. ② KBS 시사교양 퀴즈쇼 이름은 〈우리말 ○○○〉.

20 '헛다리짚기' 하면 가장 먼저 떠오르는 한국 축구의 레전드.

35

가로 열쇠

1 어떤 분야를 오랫동안 연구해왔거나 특출난 능력이 있는 사람. "내 나이 서른 일곱, 바보 연기 ○○○~" #정준하 #expert

2 '그물질 한번에 모든 물고기를 모조리 잡는다'라는 뜻의 사자성어. "경찰, 끈질긴 추적 끝에 사상 최대 규모의 마약조직 ○○○○!"

3 네트를 사이에 두고, 발이나 머리를 이용해 공을 상대편 진영으로 보내는 운동 경기. #군대에서는심심풀이용 #예능에서는몸개그용 #세팍타크로와비슷

4 《무기의 그늘》《장길산》《오래된 정원》《삼포 가는 길》《손님》《모랫말 아이들》《바리데기》《개밥바라기별》 등을 쓴 소설가.

5 ① 열 ○○○ 깨물어 안 아픈 ○○○ 없다. ② "지나가버린 어린 시절엔 풍선을 타고 날아가는 예쁜 꿈도 꾸었지" 이 노래를 부른 팀의 이름은 다섯○○○.

6 정확히 알지 못하는 상태에서 대강 추측해 헤아려보는 것. #○○○○으로때려맞추다 #주먹구구식

7 서울에 있는 큰 산 중 하나로, 서울대학교와 연결되어 있다.

8 소가 우는 소리. 염소는 '메에'. #○○기죽어 #○○기살어

9 배우 최불암의 대표작. 한때 시청률 70%를 기록했다. #전원일기말고 #한국인의밥상말고 #최불암시리즈말고

10 뭔가를 끝내고 헤어질 때 하는 인사. "○○하셨습니다!"

세로 열쇠

11 "따르릉 따르릉 비켜나세요 / ○○○가 나갑니다 따르르르릉 / 저기 가는 저 사람 조심하세요 / 우물쭈물하다가는 큰일납니다" #동요

12 헤드폰 쓰고 고래고래 소리치는 게임. '고요 속의 외침'은 원래 〈신서유기〉가 아니라 〈○○○○○〉의 인기코너였다. #허참 #몇대몇

13 멀리 떠난 남편을 기다리다가 그대로 굳어 화석이 된 아내.

14 꽤 규모가 큰 놀이터에 꼭 있는 놀이기구. 뼈대 모양으로 되어 있고, 아이들은 그 위로 올라타며 논다. #은근히위험해 #솔직히어릴때무서워했었음

15 코로나19로 극장이 침체기를 겪던 2020년 10월에 개봉했음에도 157만 명의 관객을 동원하며 화제가 되었던 영화. #삼진그룹○○○○○

16 대한민국 국적의 세계적인 피아니스트. 클래식 음악프로그램인 〈TV예술무대〉의 진행자로 출연하고 있다. #모던타임스

17 19세기 미국을 배경으로 한 루이자 메이 올컷의 소설. 수차례 영화화되었고, 그레타 거윅 감독이 연출한 2019년작에는 시얼샤 로넌, 엠마 왓슨, 플로렌스 퓨 등이 출연했다.

18 '온갖 힘든 일을 다 겪으며 세상 경험을 쌓

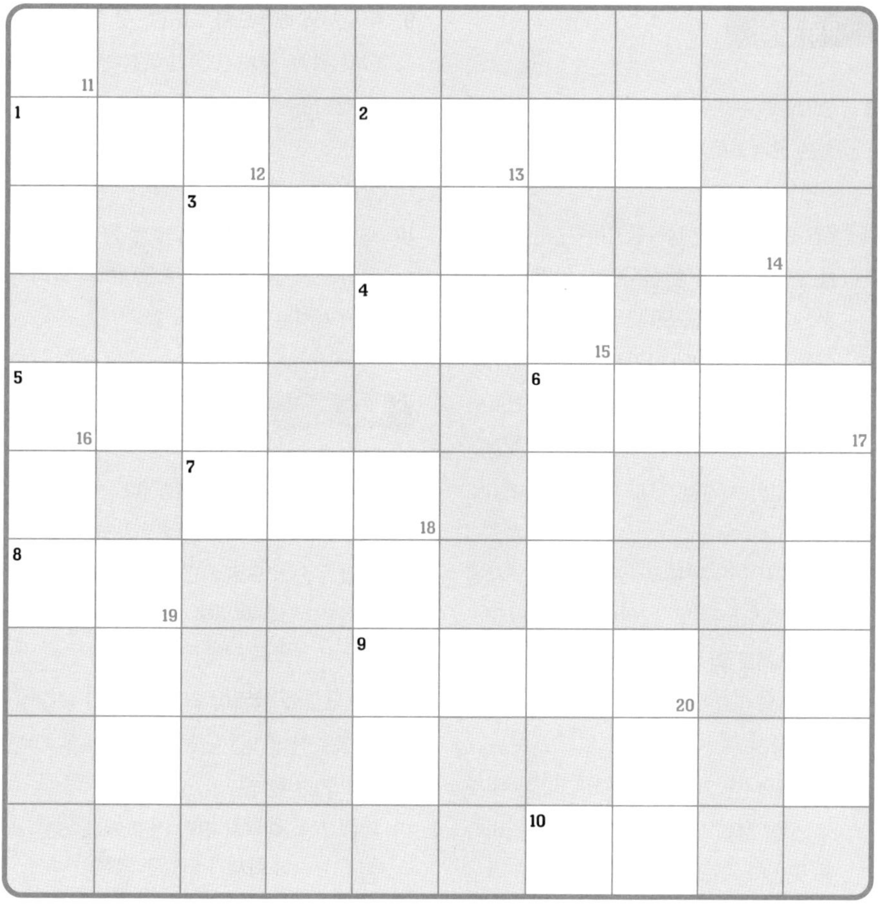

11
1
2
12
13
3
14
4
15
5
6
16
17
7
18
8
19
9
20
10

정답: 125쪽

았다'는 뜻의 사자성어.

19 박명수는 벼멸구, 유재석은?

20 박명수는 바다의 왕자, 이 사람도 바다의 왕자. 당나라-신라-일본을 잇는 해상무역을 진두지휘하며 '해상왕'이라 불렸다.

36

1 중앙일보 뉴미디어팀 소속 기자들이 제작하는 팟캐스트 및 유튜브 채널 이름. #듣다보면똑똑해지는라이프

2 웨딩드레스와 한 세트를 이루는 흰색 장식품. 신부의 '결혼'을 상징하는 물건처럼 여겨진다. 'OOO를 쓰다'='결혼을 하다'.

3 직장인이 사무실에 나가지 않고 집에 머무르며 업무를 하는 것. 2020년 이후 코로나19로 대면 접촉이 어려워지면서 'OOOO'를 도입하는 기업이 대거 늘었다. #zoom #googlemeet

4 일본에서 1984년부터 1995년까지 연재된 만화. 책으로는 총 42권이 발매되었으며 한국에서도 엄청난 인기를 얻었다. #서유기 #손오공 #피콜로 #초사이어인

5 딸의 남편.

6 직역하면 '땅 가운데 있는 바다'라는 뜻으로, 보통 유럽과 중동 사이에 위치한 바다를 뜻한다. 이곳은 여름에 강수량이 적고 건조하며 오히려 겨울에 습하고 비가 많이 오는데, 이를 두고 'OOO성 기후'라고 부르기도 한다.

7 ① 초등학교 저학년 때는 '바른 생활', 고등학교 때는 '윤리'. 중학교 때는 'OO' ② 도끼와 더콰이엇. #바른생활교과서는사라짐

8 만병의 근원. 병원에 가면 대부분의 의사들이 이것을 줄여야 한다고 말한다. #저의 OOOO해소법은노래방에서노래부르기입니다

9 무도사와 배추도사, 그리고 첫 두 글자 OO와 뒤 두 글자 OO가 등장해 전래동화를 들려주는 KBS 만화영화. 제목을 'OO OO'로 알고 있는 사람이 많지만 공식 제목은 〈옛날 옛적에〉다.

10 쇼트트랙, 이어달리기, 수영 등 경기에서 여러 명의 선수들이 서로 교대하며 달리거나 헤엄치는 것. #바톤터치

11 끼니때가 되었을 때 귀찮거나 돈이 없으면 가장 흔히 먹는 것. "만약에 김치가 없었더라면 무슨 맛으로 OO을 먹을까~" #냄비에물붓고끓여서 #봉지를뜯어넣으면금방완성

12 ① '부모와 항렬이 같은 남성'의 낮춤말. ② 올드한 유머를 낮춰 부를 때 보통 'OO 개그'라고 한다.

13 큐대로 공을 쳐서 구멍 여섯 개에 넣는 게임.

14 기온이 높고 매우 습한 날씨. 한겨울엔 강추위, 한여름엔 OOO.

15 2014년 8월 1일 데뷔한 SM엔터테인먼트의 5인조 아이돌 그룹. #러시안룰렛 #루키 #빨간맛 #피카부 #배드보이 #짐살라빔 #음파음파 #싸이코

16 트로트 가수 박현빈의 히트곡. #샤방샤방말고 #OOOOOO나는취해버렸어

17 통일신라의 별궁이 있었던 궁궐 터이자 연못. 연못에 비친 달이 아름다워 경주의 대

정답: 125쪽

정답: 125쪽

표적인 야경 명소다.

18 "조심스럽게 얘기할래요 용기내 볼래요
나 오늘부터 그대를 ○○○○ ○○○"

19 대한민국 탑 여성 MC. #김숙 #언니네라
디오 #유재석

20 롤러코스터를 탈 때, 무서운 영화를 볼 때,

미스터리 소설을 읽을 때 이것을 느낀다.
#간담이서늘 #마음을졸여 #마이클잭슨

37

가로 열쇠

1 마법사의 돌, 비밀의 방, 아즈카반의 죄수, 불의 잔, 혼혈왕자, 불사조 기사단, 죽음의 성물. #윙가르디움레비오우사

2 1964년 설립된 이래, 전 세계의 스포츠 용품 브랜드 가운데 독보적인 위치를 점하고 있는 기업. #JustDoIt #마이클조던

3 영어로는 'Thank you very much', 중국어로는 '시에시에', 일본어로는 '아리가또 고자이마쓰', 프랑스어로는 '메르씨', 독일어로는 '당케', 베트남어로는 '깜언'. #초성체로는ㄱㅅ

4 의미를 알 수 없는 암호처럼 생긴, 정사각형 모양의 바코드. 원래 정보를 담거나 결제용으로 많이 사용되었으나, 코로나19 이후로는 '카페나 식당에 들어가려면 꼭 찍어야 하는 것'이 되었다.

5 한국의 대표적인 발효 식품. 배추, 무, 오이 등의 채소를 소금에 절이고 양념을 버무려 만든다. 이걸로 볶음밥도 만들 수 있고, 전도 부칠 수 있고, 찌개도 끓일 수 있고…. #딤채

6 ① 가수 이무송의 배우자의 이름. ② 라디오 DJ의 주요 멘트 중 하나: "다음 ○○ 소개해드릴게요~" #우리만남은우연이아니야

7 "발 없는 말이 천 리 간다고, ○○이 한 번 퍼지면 순식간에 모든 사람들이 알게 돼!" #경이로운○○ #연개○○

8 1980년대에 선풍적인 인기를 누린 김수정

작가의 국산 만화. #요리보고조리봐도알수없는

9 엄마한테는 독서실 간다고 뻥 치고 자주 갔던 곳. #담배냄새 #던파 #롤 #스타크래프트 #레인보우식스 #피온 #포트리스 #마구마구

10 빙 둘러 가지 않고, 가장 빨리 도착할 수 있는 길.

세로 열쇠

11 "아~ 배불러~."라고 말할 때의 감정. #물론또들어가긴하지

12 ① 순수한 사랑, 깨끗한 사랑 등의 꽃말을 가진 꽃. ② '여성 캐릭터 간의 동성애(girl's love)'를 그린 장르물을 가리키는 은어. #lily

13 기계식 ○○○ 마니아라면 갈축, 적축, 청축 등의 용어가 익숙하겠지만, 그렇지 않다면 그냥 컴퓨터를 할 때 필요한 도구 중 하나. #타이핑

14 동물의 왕.

15 〈워낭소리〉〈두 개의 문〉〈화씨 9/11〉〈님아, 그 강을 건너지 마오〉〈잉여들의 히치하이킹〉〈서칭 포 슈가맨〉〈액트 오브 킬링〉의 공통점.

16 코끼리 아저씨는 코가 손이지만, ○○○ 아저씨는 코가 무기다. #멸종위기동물 #한영애

17 한국 동계 스포츠의 역사. 아니, 세계 피겨 스케이팅의 역사…. 유재석과 함께 '깔 게

없는' '까선 안 되는' 사람으로 자주 꼽힌다.

18 "○○○ 밟지 마라, 복 달아난다."

19 도보 여행하기 좋게끔 관광 목적으로 조성
   해둔 길. 제주도의 '올레길'이 성공하면서
   수많은 지자체에서 '○○○'을 조성했다.

20 동화 속 인물. 네버랜드에 산다. 영원히 어
른이 되지 않는다. 웬디랑 친하다.(어쩌면
친구 이상) 팅커벨의 도움을 받는다. 후크
선장과 사이가 좋지 않다.

38

1 '코리안 특급'이라 불렸던 메이저리그 출신 야구선수. 최근엔 '투머치 토커'란 말로 더 많이 알려지게 되었다. LA다저스, 텍사스 레인저스, 샌디에이고 파드리스, 뉴욕 메츠, 필라델피아 필리스, 뉴욕 양키스, 피츠버그 파이리츠, 오릭스 버팔로스, 한화 이글스 등을 거쳤다.

2 아나운서 손범수가 진행했던 추억의 음악 방송. KBS에서 1981년 2월 10일부터 1998년 2월 11일까지 방영했다.

3 ① 장기 둘 때 외치는 말 "○○이요!" ② star in military.

4 《삼국유사》에 수록된 향가. 미천한 신분의 한 남자가 선화공주와 사랑을 나눈다는 내용의 노래. #요즘같았으면범죄

5 〈무한도전〉 하는 날, 아니 하던 날.

6 "○○○이 땡땡땡 어서 모이자 / 선생님이 우리를 기다리신다" #동요

7 어떤 범죄가 벌어진 후, '누가, 어떻게, 왜' 이 범죄를 저질렀는지 밝혀가는 형태의 이야기를 총칭하는 말. #코난도일 #아가사크리스티 #미야베미유키

8 '너나 나나 다를 바가 없다' 혹은 'A나 B나 다를 바가 없다'라는 뜻의 사자성어. #○○○○의오류

9 제주도 서귀포시에 위치한 화산 지형. 천연기념물 제420호로 지정되었을 뿐 아니라, 유네스코 세계자연유산으로도 등재되었다.

10 아직 노화를 겪고 있지 않음에도 드문드문 자라는 흰머리를 두 글자로 부르는 말. 고등학교 때도 '이것'이 나는 친구가 있었다.

11 신앙심을 키우고 하나님을 찬양하기 위해 교회에서 부르는 노래. "하나님의 크신 사랑 하늘에서 내리사 우리 맘에 항상 계셔 온전하게 하소서." #CCM과는다르다

12 발가락에서 돋아나는 것으로, 비교적 딱딱하지만 뼈가 아니라 피부의 일부다. #티라노의○○ #내성○○

13 2012년 서비스를 시작한 배달 앱. #내이름은○○○ #거꾸로해도○○○ #딜리버리히어로코리아

14 여러 평범한 사람들 가운데 유독 돋보이는 한 사람. #닭무리속에낀한마리의학

15 도마 안중근 의사는 이렇게 말씀하셨습니다. "하루라도 ○○를 하지 않으면 입 안에 가시가 돋힌다." #우리입엔가시가몇개야?

16 ① "닭장 속에는 암탉이~ 꼬꼬댁~ 꼬꼬댁~." ② 스탈린 독재 체제를 비유적으로 비판하는 조지 오웰의 대표작. ③ 신동엽이 오랫동안 진행을 맡고 있는 동물 전문 TV 프로그램의 제목은 〈TV ○○○○〉.

17 비빔밥, 떡볶이, 제육볶음 등에 쓰이는 양념. #태양초 #순창 #비법은며느리도몰라

18 가정에서 쓰레기를 버릴 땐 꼭 여기에 담아 버려야 합니다. 일반쓰레기는 일반쓰레

정답: 126쪽

기용에, 음식물쓰레기는 음식물쓰레기용에. #우리동네음식물쓰레기○○○○○는 초록색

19 강원도 속초시에 위치한 산이나 국립공원. 등산할 수도 있지만 산세가 험해, 케이블카를 이용해 오르는 경우도 많다.

20 쪽파를 주재료로 하여 담근 김치. "김치 담그기가 너무 힘들어서 ○○○가 되어버렸어요…."

39

가로 열쇠

1 ① 대한민국의 광역시 중 하나. ② 프로야구팀 SSG 랜더스의 연고지. ③ 리듬파워 멤버들의 고향. #월미도의개들

2 발단-전개-○○-절정-결말.

3 〈킹덤〉〈기묘한 이야기〉〈스위트홈〉〈굿 플레이스〉〈루머의 루머의 루머〉〈오렌지 이즈 더 뉴 블랙〉〈종이의 집〉 등을 독점적으로 볼 수 있는 OTT 서비스. #뚜둥

4 "그대여 ○○○이 뜨는 날, 그대 날 보러 와요 / 이 밤이 가기 전에 해 뜨기 전에 서둘러줘요" #에에에에에 #에에에에에 #선미

5 게임에서 주로 사용하던 캐릭터 말고, 새로 만들어 세컨드로 사용하는 캐릭터. 부업처럼 두 번째 캐릭터를 이르는 말. #유산슬 #다비이모 #이호창본부장 #매드몬스터 #침착맨

6 매주 토요일 밤 SBS에서 방영하는 탐사취재 프로그램. 사회문제, 미제사건, 고위층 비리 등의 주제를 주로 다룬다. #그런데말입니다

7 신세계그룹 계열의 대형마트 브랜드. 편의점 브랜드 '○○○24'도 있다.

8 한국에서 가장 대표적인 인사말. #노래가사로는 #적당히바람이시원해기분이너무좋아요유후

9 15~17세기 기득권을 유지하기 위해 종교적인 이유로 죄 없는 여성을 학살한 것을 가리키는 말. 현대에서도 '불특정 다수가 개인을 몰아붙여 정신적으로 압박하는 것'을 비유적으로 뜻한다.

10 "식당이 수익을 극대화하려면 ○○○ 순환율이 좋아야 한다." #한글로는식탁

세로 열쇠

11 이제 세상이 바뀌어서, 밥 없이는 살아도 ○○○ 없이는 살 수 없는 시대가 되었다. #와이파이

12 유럽 중앙부에 위치한 나라로, 프랑스, 독일, 오스트리아, 이탈리아 등과 접해 있다. 시계, 은행이 유명하다. #중립국

13 "지난 ○○ 바닷가 너와 나 단둘이 파도에 취해서 노래하며 같은 꿈을 꾸었지 / 다시 여기 바닷가 이제는 말하고 싶어 네가 있었기에 내가 더욱 빛나 별이 되었다고" #싹쓰리의○○노래

14 "젖은 손으로 ○○○를 뽑으면 감전사고의 위험이 있습니다."

15 '아직 수확하려면 멀었는데, 지난 가을에 수확한 양식이 바닥나 배고픔을 견뎌야 하는 시기'를 가리키는 말.

16 [세로 열쇠 1번] 망을 통해 다양한 오디오 콘텐츠를 제공하는 서비스. 스마트폰으로 쉽게 다운받을 수 있다. #이동진의빨간책방 #송은이김숙의비밀보장

17 16장의 정규 앨범을 발표한, 전설적인 가수. 히트곡이 너무 많아서 제목 쓰다가 이 칸이 끝나버릴 것 같다…. 제가 가장 좋아하는 곡은 '그녀의 웃음소리뿐'입니다. #난너를사랑하네 #이세상은너뿐이야

정답: 127쪽

18 높은 곳에서 물속으로 뛰어드는 동작의 기
   술과 아름다움을 겨루는 수상 스포츠.
19 "오늘은 내가 짜파게티 ○○○~"
20 〈어벤져스 : 엔드게임〉 〈블랙 위도우〉 이
   후, 〈이터널스〉로 새롭게 돌아온 미국의
   영화 제작사. #○○스튜디오

40

가로 열쇠

1 ① 후~ 불면 투명하고 예쁜 동그라미가 만들어지는 놀이. ② 〈아기공룡 둘리〉 삽입곡 제목. "쏙쏙쏙 방울 빙글빙글 방울 여기저기 내방울 내방울" #맞춤법을엄밀히따지자면시옷이빠져있음

2 납작한 패를 일렬로 쭉 세워두고, 맨 끝의 패를 넘어뜨리면 순서대로 연이어 넘어지게 만드는 놀이. 연쇄적으로 무너지는 현상을 비유적으로 표현할 때 자주 쓰인다.

3 단군의 어머니. 100일 동안 동굴 속에서 쑥과 마늘만 먹고 버틴 곰이 여자 인간의 몸으로 다시 태어났다.

4 인어공주는 왕자를 만나기 위해 두 다리를 얻는 대신, ○○○를 잃었다.

5 〈타이타닉〉과 〈아바타〉를 만들기 전에 제임스 카메론 감독이 연출해 크게 흥행한 SF 액션 영화. #아널드슈워제네거

6 전기를 사용하기 위해 플러그를 꽂는 곳.

7 요즘은 옛날만큼 인기가 없는 듯하지만… 한때 큰 사랑을 받았던 롯데제과의 과자. 빨간색은 바비큐맛, 검정색은 매콤한맛.

8 영화나 드라마에서 인물의 표정이나 특정 사물을 확대해 보여주는 촬영 테크닉.

9 보습제의 일종으로, '토너' 혹은 '화장수'라고도 부른다. 사실 '토너'와 '○○'이 크게 구분되지는 않는다. #아빠의○○냄새

10 이제 미국을 대표하는 기업이 된 애플의 주력상품. #iOS

세로 열쇠

11 "여보세요 거기 ○○ ○○ 어둠은 늘 그렇게 벌써 깔려 있어 창문을 두드리는 달빛에 대답하듯 검어진 골목길에 그냥 한번 불러봤소" #한영애 #이무진

12 오징어로 유명한 경상북도의 화산섬. #우산국 #독도

13 TV조선의 트로트 서바이벌 오디션 프로그램. 전작의 성공으로 후속작으로 편성되었는데, 오히려 전작보다 더 큰 인기를 누렸다. #임영웅 #영탁 #내일은○○○○○

14 지면이 평평하지 않고 움푹 파여 물이 고인 곳을 가리키는 말. 세찬 비가 내리고 나면 곳곳에 이것이 생긴다. #물○○○

15 땀을 빼는 사우나, 뜨거운 물에 몸을 담그는 열탕, 찬물이 채워져 있는 냉탕, 때를 밀어주는 세신사가 있는 곳.

16 대표적인 치킨 브랜드 중 하나. 유재석, 티아라, 시크릿, 오마이걸 등의 스타를 광고 모델로 기용했다. #스노윙치킨

17 식당이나 술집에 사이드메뉴로 자주 나오는 음식. 모차렐라 치즈와 옥수수가 주재료다. 보통 한 번에 나오는 양이 적어서 리필을 요청하게 된다.

18 〈쥬라기 공원〉 〈E.T.〉 〈쉰들러 리스트〉 〈인디아나 존스〉 〈라이언 일병 구하기〉 〈마이너리티 리포트〉까지…. 이 영화들을 모두 연출한 감독. #스티븐○○○○

19 온도와 압력이 높은 가스를 분출시켜 그 반작용으로 추진력을 얻는 장치. 이 기술

정답: 127쪽

을 활용해 무기를 만들거나 우주 개발을
한다. #누리호

20 자신의 정체를 숨긴 채로 다른 조직의 비
밀을 캐내는 사람을 일컫는 말. #팅커테일
러솔저○○○

41

가로 열쇠

1 1983년 결성된 록밴드로. 한국 대중음악 사의 한 획을 그었다는 평가를 받는다. 히트곡이 매우 많다. #행진 #그것만이내세상 #세계로가는기차 #매일그대와 #제발

2 술을 한 잔이라도 드셨을 땐 절대 운전대 잡지 마시고 ○○○○을 이용하세요. #앞뒤가똑같은전화번호 #이수근

3 "에헤야디야 바람분다~"로 시작하는 동요 제목. #가오리 #방패

4 ① 귀하고 소중한 물건. ② 천재=천하에 재수 없는 X, 바보=바다의 ○○. ③ 국내 최대 자동차 커뮤니티 이름은 ○○드림.

5 "오늘 포스기가 고장나서 카드는 안 돼요. 혹시 ○○ 없으세요?" "○○으로 하시면 만 원 빼드릴게요~."

6 2020년 출시되어 선풍적인 인기를 끈 닌텐도 스위치 게임. 무인도를 개척해나가는 게임으로, 생물을 채집하고 동네 이곳저곳을 꾸미는 등 게임답지 않게 유유자적한 분위기가 게임의 재미 포인트다. #모여봐요○○○○

7 2020년 방영되어 역대 OCN 드라마 시청률 기록을 깬 드라마. 조병규, 김세정, 유준상, 염혜란 등이 출연했으며 동명의 웹툰을 원작으로 한다. #악귀타파히어로

8 머리는 납작하고 주둥이는 뾰족하며 귀가 작은 포유류. 얼핏 보면 귀엽게 생겼지만 힘이 세고 포악하다. 농장 주인들에겐 '닭 물어가는 짐승'으로 악명이 높다.

9 "고객님이 ○○○이어서 음성사서함으로 연결됩니다."

10 영화 〈베테랑〉의 유행어 중 하나. 황정민의 유행어가 "우리가 돈이 없지 가오가 없냐"라면, 유아인의 유행어는 "○○○ ○○"#맷돌손잡이

세로 열쇠

11 개인이 소득이 있을 때 납부한 보험료를 기반으로, 나이가 들거나 갑작스런 질병으로 소득활동이 중단된 경우 기본 생활을 유지할 수 있게 하는 제도. 정부가 직접 운영하는 사회보험 제도다. #○○○○공단

12 ① 지붕을 받치기 위해 기둥과 기둥 사이에 건너지른 구조물. ② 한 조직이나 집안의 중요한 사람을 비유적으로 가리키는 말. "넌 우리 집안의 ○○○야!"

13 영국 작가 루이스 캐럴의 대표작은, 7살짜리 여자아이 ○○○가 토끼굴을 타고 굴러 떨어져 도착한 이상한 나라에서 벌어지는 모험 이야기다.

14 코로나19 이후 더 크게 성장하고 있는 음식 배달 서비스 기업. 요기요, 쿠팡이츠 등과 경쟁 관계다.

15 육안으로 관찰이 불가능한 대상을 보기 위해, 접안렌즈와 대물렌즈를 활용해 물체를 확대해서 볼 수 있게 한 기기.

16 밀거나 여닫지 않아도, 근처에 가거나 버튼을 누르면 열리고 닫히는 문. 수비수의 실력 부족을 지적할 때 이것에 비유하기도

1						2			
	11						12		
				13					
3						4			
							14		
5									
	15					16			
					6				
		17							
7									
			18						
						8			
							19		
		9							
		20							
10									

정답: 128쪽

한다.

17 바이올린보다 음역이 낮은 현악기. 연주자
가 의자에 앉아 악기를 가슴에 품은 자세
로 연주한다.

18 평상시에 편하게 신고 다니기 좋은 신발.
어릴 땐 나이키 ○○○ 한 켤레를 그렇게

갖고 싶었는데….

19 자연분만이 불가능하거나 위험 부담이 있
을 경우, 산모의 복부와 자궁을 절개하여
인공적으로 태아를 분만하는 수술.

20 드럼세탁기보다 크기가 커서 이불 빨래하
기 좋은 세탁기 종류. #○○○세탁기

42

1 한국문학의 빛이자 작가 덕질 잡지 〈글리프〉 창간호의 주인공. #보건교사안은영 #피프티피플 #시선으로부터

2 산과 바다에서 나는 온갖 진귀한 물건으로 차린, 맛이 좋은 음식.

3 사람의 얼굴이나 풍채가 훤하여 보기에 썩 좋게 생겼다는 동사의 명사형. "너 얼굴에 김 묻었다. ○○○."

4 미국 방송 HBO의 유명 드라마 시리즈로, 17년 만에 공석이 된 왕의 자리를 차지하기 위해 다툼을 벌이는 내용을 담고 있다. 2019년 시즌 8로 막을 내렸다. #Winter is coming

5 추리만화에서 '코난'의 선배님. "할아버지의 이름을 걸고!" #소년탐정○○○ #긴다이치코스케

6 SBS의 예능 프로그램으로, 출연자들이 자연 속에서 자급자족하며 살아남는 이야기를 담는다. #병만족 #생존의달인

7 ① "마스크 쓴 지 ○○ ○○이 넘었네." ② "처음이라 그래 며칠 뒤엔 괜찮아져" #브라운아이즈 #감성 #가을

8 전 세계 어린이들의 흥을 책임지고 있는 글로벌 유아교육 브랜드. #크린퐁말고 #아기상어 #뚜루루뚜루 #귀여운

9 ① 일정한 방침 아래 여러 가지 재료를 모아 신문, 잡지, 책 따위를 만드는 일. ② 영화 필름이나 영상, 문서 따위를 하나의 작품으로 완성하는 일. #방금이말은○○해주세요 #그건안돼요

10 코난, [가로 열쇠 5번]과 함께 탐정 하면 떠오르는 그 사람. #베네딕트컴버배치

11 만 원짜리 지폐에 그려진 인물로. 가로세로 낱말퍼즐을 있게 해주신 분. #늘감사합니다

12 그릇되게 해석하거나 뜻을 잘못 앎. 또는 그런 해석이나 이해. "이해를 두 번 해도 일만 나면 ○○." #그건진짜○○야

13 바보멍청이똥개해삼멍게○○○. #○○○은어쩌다이런이미지가된걸까 #억울해

14 공직자들이 금품을 대가로 받아 청탁을 들어주는 관행을 끊기 위해 만들어진 법. 발의한 당시 국민권익위원회 위원장의 이름을 따서 부르고 있다.

15 차 따위가 왼쪽으로 돎. #비보호○○○

16 영화 〈1번가의 기적〉 〈스카우트〉 〈시실리 2km〉의 주연 배우이자, 노래 '그때 또 다시' '소주 한 잔' 등을 부른 가수. #뮤비맛집 #만능엔터테이너

17 일주일의 마지막이거나 시작이거나. #다음날이두려운날

18 침대와 같은 기본적인 가구를 갖춘 텐트에서 묵으며 많은 짐과 준비 없이 할 수 있는 캠핑. 전용 시설에 가면 보통 공용샤워실이나 바비큐장을 갖추고 있다. 영단어 두 개의 합성어로, 직역하면 '화려한 캠핑'이라는 뜻이다.

정답: 128쪽

19 벌이 알을 낳고 먹이와 꿀을 저장하는 곳.
함부로 ○○을 건드리면 큰 코 다칩니다.
#○○핏자 #피자아니고핏자랍니다

20 '순항'이라는 뜻을 가진 영어 단어를 발음
한 단어. "제 꿈은 ○○○ 여행하는 부자
할머니입니다." #톰○○○

43

가로 열쇠

1 상처 난 곳에 바르는 연고. '후시딘'과 함께 국민 연고로 불린다. #새살이솔솔 #양세형양세찬

2 1986년에 출시한 콘 형태의 아이스크림. 바나 쭈쭈바(?) 형태의 아이스크림보다 살짝 비싼 가격으로 1980년대에는 부자 아이들의 상징이었다. #뭐니뭐니해도맛있는콘

3 눈을 동그랗게 뭉쳐서 사람 모양으로 만든 것. 최근에는 눈으로 만든 오리한테 인기가 밀리는 느낌.

4 힘든 일을 서로 도와주며 품을 지고 갚는 일을 말한다. 대개 농촌에서 많이 한다.

5 ① 가수 김윤아의 3집 수록곡. ② 한우연, 전석호, 유재명, 염혜란 등이 출연한 영화 제목. ③ 하지원과 현빈이 함께 출연한 드라마 제목과 뜻이 같다.

6 의문문을 마칠 때 쓰는 문장 기호. #프라이머리최자이언티

7 물체를 구성하는 실체. 양자역학에 따르면 쿼크와 렙톤으로 구성된다. #문과생여러분어려운말아닙니다 #힌트는[세로 열쇠 16번]

8 중국 촉나라의 무장. 자는 익덕. 관우의 동생이다.

9 1987년에 데뷔한 3인조 댄스 그룹. 히트곡으로는 '그녀에게 전해주오' 'G 카페' 등이 있다. 아이유가 이 그룹의 '어젯밤 이야기'를 리메이크하기도 했다.

10 섶에서 누워 자고, 쓸개를 맛본다는 뜻의 사자성어. 목표를 이루기 위해 고난을 견딘다는 의미로 쓰인다.

세로 열쇠

11 군사 용어로, 전투 준비 태세를 말한다. 한국 힙합 가수이자 방송인의 예명이기도 하다. #워치콘 #대북곤

12 롯데칠성에서 제조하는 음료. 데자와, 맥콜, 실론티와 함께 호불호가 심한 음료로 유명하다. #솔싹추출물 #송염치약맛

13 작년에 출시한 상품 혹은 철이 지난 상품, 판매가 부진한 상품, 약간의 하자가 있는 상품을 부르는 말. 아웃렛에서 흔히 볼 수 있다.

14 어떤 일을 한 뒤에 얻는 만족감. "○○찬 하루 일을 끝마치고서~."

15 ① 겉으로 비슷하지만, 사실 완전히 다른 것을 지칭하는 말. ② 종교에서 교주를 신격화하면 보통 이렇게 부른다.

16 손에서 ○○○이 만져지면 씻어야 한다. 물론 코로나19 시대에는 뭐가 묻지 않아도 외출 후에는 손을 씻는 것이 기본이 되었다.

17 칭찬받을 만한 일을 했거나 성과를 내면 ○○○을 받는다. '닌자의 무기'와는 관련이 없다. #상장 #내가받을일은없지

18 1925년에 나온 나도향의 단편소설. 애정 행각을 다룬 내용 때문인지, 이후 영화나 드라마에서는 애인끼리 몰래 만나는 장소

정답: 129쪽

로 자주 활용되었다.

19 군대 나온 남자들이 흔히 말하기를 좋아하는 것. 과장과 허세를 가미한 농담 정도로 치부하는 게 좋다. 물론 군생활만 소재가 되는 것은 아니다. #나군생활할땐심심하면간첩을잡았지 #나어릴적에인기많았다

20 〈쇼미더머니 5〉 우승자. 빼어난 가사 딜리버리와 특유의 플로우가 돋보인다. 다만 가사 내용이 비슷하다는 지적이 있다. #지저스웨거 #랩잘하는교회오빠

44

1 1940년대에 미국 흑인들 사이에서 처음 시작된 음악 장르. 우리에게는 이 이름을 줄여 부르는 '알앤비'라는 말로 더 익숙하다.

2 청중을 웃기는 일이 직업인 남자. 익살스러운 행동이나 우스갯소리를 잘하는 사람을 가리켜 "너 완전 ○○○이네~."라고 말하기도 한다.

3 여러 사람이 두 편으로 나뉘어 밧줄을 서로 자기 편 쪽으로 끌고 오는 놀이. 이 종목이 없는 운동회는 앙꼬 없는 찐빵이다. #끌려가지마 #누워누워

4 현재 맡고 있는 직책에서 물러나겠다는 뜻을 담은 문서. '일신상의 사유로 ○○○를 제출합니다….'

5 다른 나라 국적을 가진 사람. 비슷한말로 타지인, 이방인, 외인, 타국인 등이 있다.

6 목관악기의 일종으로, 음역대가 넓고 음색이 아름다워 활용도가 높다. 관악 오케스트라에서 바이올린의 역할을 대신하는 악기이기도 하다.

7 제시부 – 전개부 – 재현부의 3부 형식이 뚜렷하게 나타나는 악곡 형식. 쇼팽, 베토벤, 모차르트 등 위대한 음악가들이 즐겨 작곡했다. '엘리제를 위하여' '터키 행진곡'도 이 악곡의 대표적인 작품. #현대뉴EF○○○ #월광○○○

8 이름 때문에 이탈리아 브랜드로 오해받는 홍콩의 패션 브랜드. #전지현 #정우성

9 초가집과 반대되는 의미로 쓰이는 말. '으리으리한 ○○○'과 같이 사용한다. 특히 경주에 가면 쉽게 볼 수 있다.

10 갓, 두건, 왕관, 후드, 헬멧, 투구, 학사모, 페도라 모두 이것의 일종이다. #밀짚○○ 루피 #엄마와아들

11 마블 코믹스에 등장하는 슈퍼히어로 중 하나. 몸 크기를 줄였다 늘였다 하는 능력이 있다. 개미와 의사소통도 가능하다.

12 시간에 맞춰 미리 세워둔 계획. 흔히 바쁜 친구에게 "연예인보다 ○○○이 빡빡하네~."라고 말하기도 한다.

13 '맨발 투혼'으로 유명한 대한민국의 전설적인 여성 골퍼. 박찬호와 함께 IMF 시기 우리나라 국민에게 큰 힘이 된 스포츠 영웅이다. #노는언니

14 어제의 전날, 오늘의 이틀 전. 영어로는 the day before yesterday.

15 눈 밑 지방이나 색소 침착 때문에 눈 아래에 생기는 증상. 원래 피부색이 어두운 사람이거나, 며칠 동안 밤을 샜거나, 스트레스를 많이 받으면 쉽게 생긴다.

16 2007년 창간한 시사 주간지. 기사에 대한 광고주의 압력에 문제의식을 느낀 〈시사저널〉 기자들이 퇴사 후 의기투합해 만들었다.

17 대한민국의 7인조 보이그룹. 2020년 발표한 곡 'Dynamite'는 한국 가수 최초로 빌

정답: 129쪽

보드 Hot 100 차트 1위에 오르기도 했다.
'21세기 팝의 아이콘'으로 불리며 전 세계
에 K-POP 열풍을 일으킨 주역. #아미

18 줄 위에서 곡예를 부리는 놀이. 매우 위태
롭고 아슬아슬한 상황을 비유적으로 이르
는 말이기도 하다. #왕의남자 #유격훈련

19 TV보다 역사가 오래된 대중 매체. 현재도
교통, 재난, 시사교양, 음악 등 폭넓은 분야
에서 수요가 있다. #91.9MHz #보이는○
○○ #○○○스타

20 오케스트라에서 연주자를 바라보며 연주
를 지시하는 음악가를 부르는 말.

45

가로 열쇠

1 "이번 주는 ○○○○한 일주일이었어…."
#일도많고어려움도많다 #직장인화이팅

2 이 프로그램을 보다 보면 아는 것이 많아
진다. 역대 출연자: 유희열, 유시민, 김영
하, 황교익, 유현준, 정재승, 김진애, 장동
선, 김상욱.

3 열대 지역에서 많이 발생하는 열병으로,
모기가 이것을 옮긴다. 백신이 없어 피할
방법은 안 물리는 것뿐.

4 ① 알베르 카뮈의 소설. ② 다른 나라에서
온 사람.

5 이 전래동화에서 주인공을 도와주는 동물
로 두꺼비, 새, 소가 나온다. 두꺼비는 깨진
독을 막고 새는 함께 쪼아주고, 소는 옷과
신을 가져다줬다.

6 포럼, 워크숍, 심포지엄과 비슷하게 사용
되는 단어로, 특정 주제에 대한 전문인들
이 모이는 연수회 등을 말한다.

7 옛날에 자판기에서 뽑아 먹던 차 중 하나
로, 고소한 맛이 일품이다. 차 브랜드인 담
터의 대표 상품이기도 하다. #호두아몬드
○○○

8 별자리 중에 양자리, 고래자리와 가까운
별자리로, 가을 밤하늘에서 볼 수 있다. 그
리스 신화 속 미의 여신 아프로디테와 아
들 에로스를 상징한다. #예수그리스도

9 신주쿠, 시부야, 아키하바라, 올림픽 스타
디움이 위치한 도시 이름. #○○2020 #하
계올림픽

10 여러분이 지금 풀고 있는 것. 이것만 풀어
도 두뇌가 활성화되며 어휘력, 기억력, 사
고력이 자란다. #모두의가로세로○○○
○ #십자말풀이

세로 열쇠

11 서태지와 아이들 1집 앨범 이름이자 타이
틀 제목. 1992년 발매한 노래로 방송에 출
연한 다음 전문가들에게 혹평을 받았지만
대중들에게 엄청난 반응을 불러일으켰다.
#이밤이흐르고흐르면 #오그대여가지마
세요

12 감염되기 전에 미리 맞는 것으로, 면역 체
계를 활성화시켜 피해를 예방하게 만드는
의약품. #아스트라제네카 #화이자 #모더
나 #얀센

13 일제강점기 때 주시경 등 여러 한글 학자
들이 모여 만들려고 했던 우리나라 최초의
국어사전. #조선말큰사전 #큰사전 #조선
광문회 #조선어학회 #유해진윤계상

14 신체 기관 중 강낭콩 모양으로 생겼으며
좌우에 한 쌍이 있다. 체액의 양을 일정하
게 유지하기 위해 불필요한 물질들을 몸
밖으로 배출한다.

15 야구에서 투수가 한 게임에 내준 자책점의
평균율. 평균자책점의 옛날 말이다. "내
1학기 학점이 선동열 ○○○이랑 비슷했
어…."

16 불린 콩을 어두운 곳에서 발아시키면 이것
이 된다. 이것을 무쳐 먹기도 하고 끓여 먹

정답: 130쪽

기도 한다. #전주○○○해장국

17 자동차를 씻는 일. #손○○ #기름넣으면 할인 #꼭○○하고나면비가오더라

18 ① '단단한' '고체의' 뜻을 나타내는 영단어. ② 이 그룹의 리더는 정재윤, 메인보컬은 김조한, 랩은 이준. #이밤의끝을잡고 #천

생연분

19 실화를 기반으로 한 영화 〈캐스트 어웨이〉 에서 톰 행크스는 비행기 사고로 ○○○에 떨어져 시간을 보내게 된다.

20 고등학생 대상의 힙합 오디션 프로그램. #양홍원 #김하온 #이영지 #이승훈

46

가로 열쇠

1 영어로는 프라이버시(privacy). 특히 얼굴이 알려진 연예인들의 ○○○ 침해가 심하다. 해외에서는 연예인들의 ○○○ 사진을 찍는 사진사를 '파파라치'라고 부른다.

2 사주, 신점, 운세, 타로 등 한 사람의 운명, 미래를 예견해 말해주는 직업이다. 역술인이라고도 한다. "너 이걸 어떻게 알았어? 완전 ○○○네."

3 ① "일부러 그런 건 아니고…." "원숭이도 나무에서 떨어진다." ② 수학에서 유리수와 무리수를 통틀어 이르는 말.

4 "가장 완벽한 계획이 뭔지 알아? 무계획이야." 〈기생충〉 기택의 명대사. 기택을 맡은 배우의 이름은? #설국열차

5 일본의 패션 브랜드. '히트텍' '에어리즘'을 유행시켰다.

6 2017년 베스트셀러 《○○○ 수업》. 4세기에 로마 제국이 기독교를 공인하면서 이 언어가 교회의 언어로 자리잡았다. #한동일교수 #서강대강의 #인문학도서

7 열네 살의 청소년이 주인공인 추억의 만화. 쎄쎄쎄 노래로도 많이 불렸다. "○○○, ○○○ 짝짝 맞아 ○○○, ○○○ 메롱" #하나면하나지둘이겠느냐

8 이탈리아 디저트로 커피, 마스카르포네 치즈 등이 들어간다. 위에 코코아 가루를 뿌려 먹을 때는 콧바람을 조심해야 한다.

9 술잔에 얼음 몇 개만 넣고 나서 술을 따르는 모양이 바위에 따르는 것처럼 보인다고

해서 ○○○이라고 부른다. "위스키 ○○○으로 한 잔 주세요."

10 '비틀즈'의 링고 스타, '롤링스톤스'의 찰리 워츠가 연주하는 악기. #쿵치딱 #RIP찰리워츠

세로 열쇠

11 미리 녹화하지 않고 실시간으로 방송하는 것. 실시간이다 보니 방송 사고가 많이 일어난다. "이게 바로 ○○○의 묘미죠~."

12 본명은 이지은, 유튜브 채널 이름은 이지금. '잔소리' '좋은 날' '너랑 나' '밤편지' 등 많은 명곡을 보유한 가수.

13 학교에서 출석을 부르듯이 군대, 경찰 등 단체 생활에서 인원이 맞는지 확인하는 점검을 말한다. #번호끝

14 음계를 맞춰 놓은 여러 개의 토막을 채로 치거나 비벼서 소리를 내는 악기. 금속으로 만들면 글로켄슈필, 나무로 만들면 ○○○. #전국노래자랑 #딩동댕 #땡!

15 대한민국의 1세대 웹툰 작가. 〈아파트〉 〈바보〉 〈그대를 사랑합니다〉 〈순정만화〉 〈이웃사람〉 등 명작을 많이 남겼다. 강동구 성내동에 이 작가의 거리가 조성돼 있다. #승룡이네집

16 담배에 들어 있는 성분 중 하나. 금연자들의 금단증상을 완화하기 위해 이것이 들어간 패치가 있다. #금연성공기원

17 '아~즈뱅야~ 발바리 치와와~.' 이 노래가 나오는 애니메이션. 이 노래를 들으면 해

정답: 130쪽

가 뜨는 사바나 평원이 떠오른다. #circle oflife #hakunamatata

18 카드로 계산한 다음에 점원이 물어본다. "○○○ 드릴까요?" "아뇨. 버려주세요." #법카썼을때는챙겨야함

19 미아와 세바스찬 그들의 꿈과 사랑 이야

기. 라이언 고슬링, 엠마 스톤, 존 레전드….
#cityofstars #anotherdayofsun

20 김돈규, 버즈, 더 크로스, 최재훈, 엠씨더맥스, 김정민, 뱅크, 정경화. #이들의공통점

47

가로 열쇠

1 움직일 수 없는 재산. 토지나 건물 등이 포함된다. 연관 검색어로는 정책, 투자, 투기, 매매, 전월세 등이 있다.

2 불포화지방산과 비타민E가 풍부한 갈색의 견과류. 피부도 좋아지고 건강도 좋아진다. 주름도 펴진다니 챙겨먹자. 단 뭐든지 과하게 먹으면 살이 찐다. #땅콩말고 #캐슈넛말고 #호두말고

3 밤 10시에 시키면 다음 날 아침 7시에 받아볼 수 있는 새벽 배송을 처음 시작한 식재료 판매 업체. #샛별배송 #ㅁㅋㅋㄹ

4 고추씨에 들어 있는 성분으로, 이것으로 만든 소스를 요리에 넣으면 엄청 매워진다. #엽떡

5 "신은 죽었다." #독일철학자 #비극의탄생 #차라투스트라는이렇게말했다

6 〈이웃집 토토로〉〈하울의 움직이는 성〉〈천공의 성 라퓨타〉〈바람계곡의 나우시카〉〈모노노케 히메〉〈마녀 배달부 키키〉〈고양이의 보은〉…. #스튜디오〇〇〇

7 허균의 소설 《〇〇〇전》의 주인공. "아버지를 아버지라 부르지 못하고, 형을 형이라 부르지 못하는데." #동에번쩍서에번쩍

8 비타민, 철분, 식이섬유 등이 들어 있는 영양 만점 녹색 채소. 이것을 먹으면 뽀빠이처럼 근육이 빵빵해진다는데….

9 J. R. R. 톨킨의 소설에서 중간계에 살고 있는 난쟁이족의 이름. 키가 작고 발이 거칠며 머리는 대부분 곱슬이다. #반지의제왕프리퀄 #주인공은빌보배긴스

10 세계 3대 박물관 중 하나로, 파리에 있다. 전 세계 미술관 중에 가장 많은 미술품을 소장하고 있는 곳이다. #유리피라미드 #모나리자 #사모트라케의니케

세로 열쇠

11 돈을 나눈다.→주사위 두 개를 굴린다.→눈의 수만큼 움직인다.→도시의 땅을 산다.→다음 바퀴에서 건물을 살 수 있다. #황금열쇠 #우주여행 #무인도

12 '사쿠라'라는 아이가 카드를 모아 세계를 구하는 내용의 애니메이션. "만날 수 없어 만나고 싶은데 그런 슬픈 기분인걸 … catch you catch me"

13 이 장수가 없었다면 신라가 삼국통일을 할 수 있었을까? #말의목을베다 #문무왕 #삼국사기 #김춘추매형

14 한국의 전통 민요. "〇〇〇 〇〇〇 아라리요 / 〇〇〇 고개로 넘어간다" #정선〇〇〇 #진도〇〇〇 #밀양〇〇〇

15 〈고등래퍼 시리즈〉의 최연소 우승자. 인스타그램에서 120만 팔로워를 가지고 있으며 평소에 팬과 소통하는 인스타그램 라이브로도 유명하다. 끼가 많아 예능에서도 활발하게 활동하고 있다.

16 대한민국에서 가장 긴 강. 영남 지방을 지나 남해로 들어가는 강의 이름. #〇〇〇오리알

17 ① 샌드위치, 소시지, 에그스크램블 등 아

정답: 131쪽

침에 느지막히 일어나서 챙겨먹는 음식.
② 카카오에서 만든 글쓰기 플랫폼. #글이
작품이되는공간

18 전 스타크래프트 프로게이머로 한 번도 우
승하지 못하고 은퇴해 '2인자'라고 불린다.
현재는 방송인으로 활동하고 있다. #임요

환 #콩 #3연벙

19 '처음부터 끝까지 한결같다'는 뜻의 사자
성어.

20 ① 먼지나 쓰레기를 쓸어 내는 기구. ② 마
녀의 이동 수단. #님부스2000

48

1 2015년 쇼팽 국제 피아노 콩쿠르에서 우승한 최초의 한국인 피아니스트.

2 조종사 헬멧과 고글을 쓰고 다니는 펭귄 캐릭터. 친구로는 크롱, 루피, 에디가 있다. #노는게제일좋아 #뽀롱뽀롱

3 높은 곳으로 올라간다. → 긴 줄에 몸을 묶는다. → 아래로 뛰어내린다. → 다시 올라온다. 이 과정을 즐기는 스포츠. #대체왜이런짓을

4 세계 최대의 가구업체로, 북유럽 스타일에 실용적인 디자인과 합리적인 가격으로 유명하다. 수도권 매장으로는 광명점, 기흥점, 고양점이 있다. #조명 #선반 #조립 #핫도그

5 미국 남북전쟁, 노예 해방, 국민에 의한 국민을 위한 국민의 정부, 암살.

6 그리스 신화에 나오는 바다 요정 세이렌을 로고에 그려넣은 미국의 커피 브랜드. #세계최대커피체인점

7 간신은 감언이설, 충신은 ○○○○ 한다. #사실그대로말함

8 서양에서는 이것을 하면 코가 길어지고, 우리나라에서는 엉덩이에 털이 난다. #피노키오 #리플리증후군 #빅뱅 #god

9 ① 신조어 '케바케'의 '케'를 풀어쓰면? ② 휴대폰을 감싸는 것을 이르기도 한다.

10 원반 모양의 금속이 서로 부딪혀 소리를 내는 악기. 양손으로 잡고 치거나 채로 때려 소리를 낸다. 드럼세트에도 이것이 포함된다. #오케스트라 #브라스밴드

11 안데르센의 동화 중 하나로, 추운 크리스마스의 거리가 배경이다. 어렸을 적 가난한 시절을 지낸 어머니를 상상하며 쓴 작품이다. #슬픈이야기

12 골목마다 있다고 해도 과언이 아닌 상점. #세븐일레븐 #GS25 #CU #이마트24

13 볼이나 입술 위에 쪽! 하고 입을 맞춤. #키스말고

14 미국 캘리포니아주의 대도시. #할리우드 #라라랜드 #비벌리힐스 #그리피스천문대 #박찬호

15 많은 직장인을 괴롭히는 증후군. 엄청난 피로를 느끼며 무기력해진다. '연소 증후군' '탈진 증후군'이라고 불리기도 한다. #너무열심히살다가 #다타버렸어

16 이 과자의 케이스에는 미국의 수염 난 할아버지 얼굴이 그려져 있다. 감자를 갈고 말리고 튀긴 과자가 담겨 있다. #세로로긴원기둥통 #짭짤하고바삭하다

17 골프 역사에서 가장 성공한 골퍼로 '골프의 황제'라 불린다. 이 선수가 먹다 버린 사과가 경매에서 약 4천만 원에 팔리기도 했다.

18 2021년 현재 이 SNS의 전 세계 가입자 수는 약 28억 명이다. 영화 〈소셜 네트워크〉에서 이 서비스의 시작을 다룬다. 12월, 사명을 '메타'로 바꿨다.

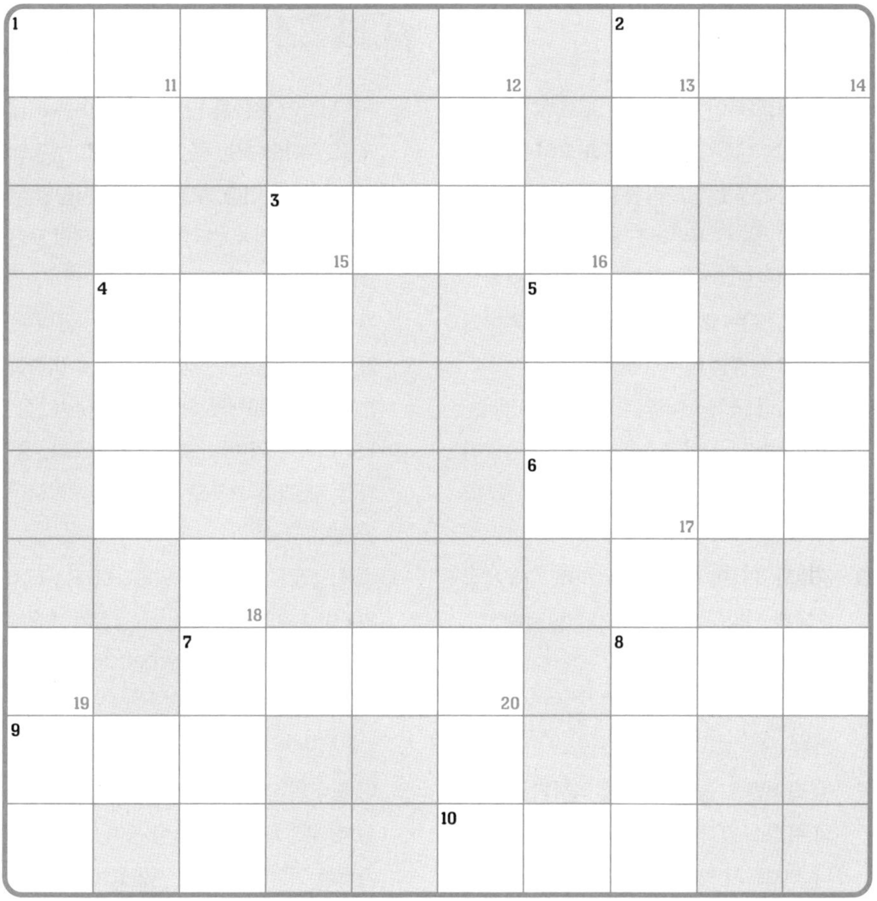

정답: 131쪽

19 요즘처럼 콘텐츠가 쏟아지는 시대에 소비자에게 상품이나 서비스를 많이 팔려면 이것을 잘해야 한다. #카피 #광고 #온라인 ○○○

20 '국민 엄마'라고 불리는 배우. 방송 3사와 백상예술대상에서 대상을 수상한 유일한 배우다. #전원일기 #잘났어정말~ #미우나고우나 #부탁해요엄마 #동백꽃필무렵

49

1 시인 박화목이 쓴 시. 동요로도 유명하다. "동구 밖 ○○○○ 아카시아 꽃이 활짝 폈네 / 하이얀 꽃 이파리 눈송이처럼 날리네"

2 U자 모양으로 구부러진 자석.

3 고구마로도 만들고 감자, 당근, 단호박으로도 만드는 요리. 재료를 토막 내 기름에 튀기고 물엿을 버무려 졸이면 완성!

4 우리나라 국기. 우리의 민족성을 나타내는 색깔과 음과 양의 조화를 상징하는 문양이 들어 있다. #○○○가바람에펄럭이고있습니다

5 근로자의 육아 부담을 해소하기 위해 사업주에게 신청하는 휴직. #워킹맘 #워킹대드 #화이팅

6 "○○ 올리고, ○○ 내려." "○○, ○○ 내리지 말고 ○○ 올려!" 이 게임의 이름은?

7 ① 라이언 고슬링, 레이첼 맥아담스 주연의 로맨스 영화. ② 컴퓨터의 본체와 모니터, 키보드가 합쳐진 휴대용 컴퓨터.

8 단군이 단군조선을 건국했음을 기리는 국경일. #하늘이열린날 #10월3일

9 ① 반죽한 밀가루를 손으로 떼어 넣어 만든 음식. 칼국수 짝꿍. ② 삼청동에 이것이 유명한 맛집이 있다. #들깨○○○ #김치○○○ #얼큰○○○

10 역사, 언어, 예술, 인간과 관련된 여러 사상, 문화 등을 연구하는 학문으로, 이것을 가르치는 강좌나 프로그램이 많다. #○○○의위기

11 "내 지갑이 훔침을 당했어!". 영어를 배울 때 꼭 알아야 하는 중요한 형태로, 능동태의 반대인 셈이다. 보통 주어가 사람인 우리말과는 달라서 번역했을 때 어색한 표현들이 많다.

12 기구를 사용하지 않는 대표적인 근력 운동. 내 체중을 두 손과 발가락으로 버텨야 한다. 매일 100개만 하면 된다는데….

13 찍먹이냐 부먹이냐 그것이 문제로다. '중'자냐 '대'자냐 그것도 문제로다. #짜장면 #짬뽕 #군만두

14 ① 직업정신의 가치를 되돌아보자는 취지의 EBS1 교양 프로그램. ② 경찰들이 잠복수사를 하다가 치킨집을 대박내버린 영화. #지금까지이런맛은없었다이것은갈비인가통닭인가

15 이 단어의 연관 검색어로는 전세난, 거래절벽, 사전청약, 입주예정 등이 있다. 층수가 5층 이상인 주거용 건물을 이르는 말. #신반포○○○

16 서울시 종로구 창신동에 위치한 하천. 동대문역, 종로5가역이 가깝고 산책길로 사용되고 있다.

17 대한민국 인디문화 1세대 펑크 록밴드. 크라잉넛과 많이 헷갈리곤 한다. #넌내게반했어

18 F. 스콧 피츠제럴드의 소설. 이 소설을 원작으로 한 영화의 포스터에는 터지는 불꽃놀이를 배경으로 레오나르도 디카프리오

		1								
			11				12			
					2					
3		4								
	13		14							
5			6							
	15		16							
7		8								
17		18		19						
9										
20										
10										

정답: 132쪽

가 술잔을 들고 있다. #위대한○○○ #대저택 #호화파티

19 머리를 좌우로 자꾸 흔드는 모양. #어휴 #쯧쯧 #한심할때도

20 많은 수험생을 괴롭혔던(?) 《○○의 정석》. 지금은 순서가 바뀌었지만 과거에는 많은 학생들이 '집합'에서 더 이상 진도를 나가지 못했다. #홍성대이사장

50

가로 열쇠

1 우리나라 대표 화산. 북한과 중국에 걸쳐 있는 산으로, 한반도에서 가장 높은 산이다. 살아 있는 화산으로 조선시대에 폭발한 적도 있다.

2 Mnet에서 매년 방영하는 힙합 서바이벌 오디션 프로그램. 무대를 평가해 순위와 상금을 결정한다. #돈을보여줘 #합격목걸이

3 한국 힙합을 대중화하는 데 큰 힘을 실은 그룹 에픽하이의 리더. #래퍼 #강혜정남편

4 고려 후기부터 조선시대까지 사용한 것으로, 관리가 말을 이용하는 데 사용하는 증명서. 암행어사가 말을 타고 나타날 때 이것을 보여주며 말한다. "암행어사 출두요!"

5 아역 배우 맥컬리 컬킨을 대스타로 만들어 준 영화. 매년 크리스마스 시즌이 되면 방송사에서 보여주는 영화 시리즈 중 하나. #아빠스킨은따가워 #바보도둑2인조

6 기타, 건반, 드럼 등 전자기기를 사용하지 않고 순수한 울림으로만 소리를 전달하는 악기. #기타 #콜라보

7 코스 위에 정지한 공을 지팡이 같은 채로 쳐서 홀에 넣는 경기. #18번홀 #나이스샷

8 ① 봄에 피는 자주색 꽃. 꽃말은 첫사랑. 향이 좋아 섬유 유연제나 향수에 많이 쓰이는 향이다. ② 가수 아이유의 정규 5집 노래 제목.

9 1953년에 퓰리처상을, 1954년에는 노벨 문학상을 탄 소설가. 《노인과 바다》 《누구를 위하여 종을 울리나》 등의 소설을 썼다.

10 도요새와 조개가 싸우는 사이에 지나가던 어부가 둘 다 잡아 이득을 봄. #漁父之利

세로 열쇠

11 "호~호~호" 매년 어린이는 선물을 받아서, 어른은 빨간 날이라서 설레는 크리스마스에 전 세계 어린이에게 선물을 나눠주는 할아버지. #빨간옷 #루돌프

12 단추 달린 빨간 바지를 입고 있는 디즈니의 마스코트 캐릭터. 동그란 귀 두 개가 달려 있다. 연인도 있고, 오리, 강아지 친구들이 많다. #증기선윌리

13 호주에서 태어난 배우로, 〈아이즈 와이드 셧〉 〈물랑 루즈〉, 그리고 박찬욱 감독의 영화 〈스토커〉에도 출연했다.

14 6살 남동생이 8살 여자 형제를 부르는 말. #밥잘사주는예쁜○○

15 뜨거운 공기를 사용해 음식을 튀기는 조리기구. 삼겹살도 굽고, 고구마도 굽고, 홈런볼 과자도 구워 먹는다!

16 중국에서 만든 짧은 동영상 SNS. 유행하는 노래, 챌린지 등을 따라 하는 영상을 올리곤 한다.

17 해외에 나갈 때도 데이터와 전화, 문자를 사용할 수 있게 연결하는 서비스. #유심 #와이파이에그 #요금제

18 머리나 귀에 걸쳐 소리를 듣는 기계를 말한다. 마이크가 달려 있기도 하다. #노이즈

캔슬링 #무선

19 겨울이 제철인 조개로, 크기가 크고 넓어 부채조개로도 불린다. 보티첼리의 작품 〈비너스의 탄생〉에서 비너스가 이것을 타고 육지에 도착한다.

20 음식을 만들고 설거지를 하는 곳. 대만은 집값이 비싸고 땅이 좁아 이것이 없는 원룸이 많다.

#모두의 가로세로 낱말퍼즐 추리

정 답

1

립[1]	싱[11]	크		삼[2]	국	지[12]		
	가					렁		
쥐[3]	포			게[4]	이	샤[13]		백[14]
	르[5]	네[15]	상	스		오		악
지[16]		안			수[6]	미	상[18]	관
그[7]	런	데	말	입	니	다	사	
재		르			쟁		병	
그		탈	일[8]	석	이	조[19]		
	차[9][20]	인	표			현		
	별				파[10]	우	치	

2

아[1]	이	스	크[12]	림				
라			레		희[2]	희[13]	낙	락
비			파[3]	충	류[14]	생		
아			스		현[4]	모	양	처[15]
			고[16]		지[5][17]	진		세
		비[6]	상	금	권[7]	모[18]	술	수[19]
봉[8]	은	사	이			글		양
		막	순			리		대
			이[9]	간	질[20]			군
					문[10]	자		

3

짝[1]	사	랑[11]		리[2][12]	투	아[13]	니	아[14]
	다			어		연		쉬
그[3]	리	스[15]		왕[4]	따[16]			움
		칸			오			
	컨[5]	디	션		기[6]	라	성[17]	
용[18]	나				수[7]	더	분[19]	
비[8]	일	비	재		망[20]		대	홍
어		아		원[9]	불	교		립
천	반[10]	사	신	경				스
가	도							틱

4

	춘[1]	곤[11]	증	냉[2]	장	고[12]		
		지				사		
현[3][13]	무	암		아[4][14]	메	리	카[15]	노
대		삼[5]	각	지			나	
양[6]	호	실[16]		랑			리	
행		내[7]	비	게[17]	이	션	아	
		화		거		현[18]		
		상[8]	품	권[20]		대		
베[9]	트	남		태		무		
		자		기[10]	성	용		

5

1	2	3	4	5	6	7	8	9	10
	¹명	함₁₁		²우₁₂	유	부	단₁₃		
무₁₄		진		산			호		
³아	시	아			⁴차₁₅	돌	박	이₁₆	
지			⁵비	비₁₇	크	림		터	
경			올		표			널	
			⁶신₁₈	라	면	⁷거	북	선	
		⁸비	데					샤	
			렐		피₁₉	타₂₀		인	
			⁹라	디	오	스	타		
				나		¹⁰타	지	마	할

6

1	2	3	4	5	6	7	8
¹청	바₁₁	지		²기₁₂	면	증	
	이		³일	본			
	⁴오	리	무	중₁₃	요		
⁵진	리		⁶학	자	금	대	출₁₄
	듬		교				판
		수₁₅			⁷흑₁₆	백	사	진₁₇
	⁸달	라₁₈	이	라	마		짜
	성₁₉		코		늘		사
	⁹에	이	스		¹⁰가₂₀	바	나
			테			배	이

7

		¹한	의₁₁	원					마₁₂
²피	파₁₃		성						라
	³고	등	어		⁴대₁₄	동	여₁₅	지	도
	다			관		보			
	공		⁵달₁₆	타	령		⁶세	신	사₁₇
	⁷원	심₁₈	력			⁸동₁₉	요		카
		마		⁹켈	로	그			린
		니				라			
						¹⁰미	장₂₀	센	
						마			

8

¹스	포	일	러₁₁		²추₁₂	격	자₁₃	
			³시	금	석		린	
구₁₄		⁴상₁₅	아				고	
룡		하		고₁₆		⁵비	상₁₇	구
⁶포	장₁₈	이	사		무		록	
	충				⁷신	의	한	수
	⁸체	게	바₁₉	라				
	육		이		⁹인₂₀	산	인	해
	관		러		력			
		¹⁰아	스	파	라	거	스	

9

1닭	가11	슴	살					
라12		화		2임13	기	응14	변	
3이	승	만			수	답		
어		4사	필	귀15	정	5하	리	보16
	6화17	성		뚜		라		이
	요		7피	라	미	드		스
8친	일	파18		미		아19		카
		죽				9우	향	우
		지		10마20	법	의	성	트
		세		늘				

10

1불	효11	자			무12		
	창	2타13	이	밍14	궁		
	공	투	3기	차	화	통15	
	4원	숭	이	적		성	
장16		스				5명	치
유		6트	로17	이			
유			봇	용18			
7서	울	역19		청	8두	반	장20
		전		9소	림	사	발
10욱	일	승	천	기	미		장

11

	마	라	톤			첨		
		따		바	둑	성		
		뚜	벅	이		대	전	
실	랑	이		킹	스	맨	우	
락					스	케	치	북
원	피	스			플			
	천			클	레	멘	타	인
	득	의	양	양	인		이	
		정		준			레	
		부		혁			놀	

12

카	카	오	톡					
	멜					병	장	
	레	미	제	라	블	무		
주	온		주		랙	청	하	
객			도		핑		회	
전	두	환			크	리	스	탈
도	공	무	원			듬		
사	포		더			도		
	증		우	쿨	렐	레		
			먼			미		

13

석[1]	면[11]			백[12]			역[2]	마	살[13]
	세[3]	숫	대	야		쥐[14]			바
빙[4]	점[15]			행[5]	방	불	명		도
글			데[16]			놀			르
빙			릴	봉[6]	이	김[17]	선		달
글[7]	루[18]	코	사	민			영		리
	돌		위	사[8]	서	삼	경		
카[9]	프	카[20]		마					
		이		귀					
	타[10]	로	카	드					

14

비[1]	타[11]	오	백[12]			종[13]			
	짜		범		이[2]	말[14]	년		
		대[3]	일	밴	드[15]		타		
염[4]	불[16]		지		라[5]	조	기		
	가				이				
	사		다[6][17]	이	아	몬	드		
소[7][18]	리	바	다		이				
찬			미		스[8]	파[19]	이	더	맨[20]
휘[9]	파	람				파			홀
			폭[10]	풍	전	야			

15

	프[1]	랑[11]	켄	슈[12]	타	인		정[2]	오[13]
수[14]		데		퍼				비[15]	리
오[3]	션	뷰		주			구[4]	파	발
지			다[5]	니	엘	헤[16]	니		
심[6]	청[17]	전		어		르		아[18]	
	교					만[7]	수	르	
부[8][19]	도	수	표[20]			헤		헨	
부			범			세		티	
젤[9]	라	또				바[10]	나	나	
라									

16

발[1]	바	닥[11]		가[2]	불[12]		
		스			국		
		훈		기[3]	사	도[14]	
		트[4]	레[15]	바	리	로[5]	마
	잉[16]		미		보	시	
	꼬[6]	깔[17]	콘	이[7]	변[18]		휴[19]
		라			호		지
		만[8]	두	만[9]	사	형[20]	통
광[10]	역	시				광	
						펜	

17

	보[11]					질[12]	
	따[1]	박	따	박		레	
이[2][13]	리			임[3][14]	플	란	트
명				전			
박[4]	하[15]	사	탕	무[5]	지	개	
	회			은[6][16]	퇴		안[17]
비[7][18]	탈	길		하			동
명			장[8][19]	수	하	늘	소[20]
횡[9]	단	보	도		개[10]	소	주
사			리			팅	

18

허[11]					역[1][12]	도	산
우			싱[13]		지		
대[2]	금[14]		글	사[3]	리	곰	탕[15]
	싸		벙[4]	거	지		평
트[5]	라	이	앵[16]	글	미[6][17]	봉	책
	기		두		토[7]	마	토
					콘		보[18]
	삼[8][19]	강	오[20]	류	드[9]	로	잉
	성		정		리		
	오[10]	세	아	니	아		

19

미 [1][11]	란	다 [12]		장 [2][13]	물	아 [14]	비		
역		이 [3]	상	화		로		원 [15]	
국		옥		홍		나 [4]	비	효	과
	귀 [5][16]	신		련		민		대	
	멸					철 [6][17]	사	사	
나 [7]	의	아	저	씨		가			
	칼			노 [8][18]	래	방			
	날 [9]	라 [19]	리	이					
	오			로 [10]	미	오 [20]			
	스			제		류			

20

코 [1]	로	나 [11]							
		영 [2]	턱	스 [12]	클	럽			
		석		페		기 [3][13]	지	개	
신 [4][14]	발	살 [5][15]	인	의	추 [16]	억			
서		야 [6][17]	구		어				
유 [7]	전	자			탕				악 [18]
기		수 [8]	도 [19]	꼭	지 [20]				동
		자		리					뮤
껍 [9]	데	기		산 [10]	할	아	버	지	지
									션

21

¹파	리¹¹	바	게	뜨¹²		대¹³			
	어		임		²청	양	고	추	
³조¹⁴	카		⁴금¹⁵	일	봉				
선		⁵잔¹⁶	소	리					
⁶일	사	병			⁷춘¹⁷	하	추	동¹⁸	
보		치			향			생	
		⁸레	이¹⁹	디	가	가²⁰			
			탈		시				
			리		⁹쑥	밭			
¹⁰주	토	피	아		길				

22

¹지	하¹¹	철				감¹²		고¹³	
	우		²과	메¹⁴	기			량	
	아			가		³로	다¹⁵	주	
	⁴유	튜	브¹⁶	박			이		
		⁵로	비	스	트¹⁷		나		
⁶시	시¹⁸	콜	콜		럼		믹		
	크	⁷리	본¹⁹		⁸프	로	듀	스	
	릿		⁹죽	음²⁰			오		
¹⁰송	가	인		료					
	든			수					

23

배	스[11]	킨	라	빈[12]	스		
	윙		대			아[13]	
데[14]	스	노	트		네[15]	이	버
미					덜		지
안[4]	타[16]		병[5][17]	자	호	란	
	이[6]	태	원		드[7]	라	마[18]
	타		환[19]			이	
	닉[8]	슨		생[9]	활	고[20]	마
					구[10]	덩	이
					마		

24

더[11]	녹[1]	색[12]	지	대			
지[2]	각		안		인[3][13]	터	뷰
니	민[4][14]	경	훈[15]		어		
어	들		제[5]	갈	공	명	
스[6]	트[16]	레	칭		주		
	리						백[17]
	오[7]	바[18]	마			명[19]	록
	람	남[8]	북[20]	정	상	회	담
	투[9]	잡		극			
	이[10]	구	동	성			

25

[1]불[11]	닭	볶	음	면			디[12]	
[2]휴	가						저	
[3]능[13]	지	처	참[14]		[4]스[15]	마	트	폰
	우		[5]치	트[16]	키			
[6]바	람[17]	개	비	와		계[18]		
	바		[7]아	이	슬	란	드	
[8]타	다			스		말		
		카[19]			[9]라	이	브[20]	
		세				라		
		[10]트	리	플	크	라	운	

26

[1]대	부[11]					핫[12]		
[2]산	성		[3]노	인[13]	과	바	다[14]	
갈				과			리	
[4]매	니	저[15]		응			[5]미	국
기		[6]승	전	보				
		사			[7]커[16]	튼	콜[17]	
		[8]자	기	계[18]	발	서	라	
				좌		모[19]		
		[9]올[20]	드	보	이	니		
		백	[10]체	리	필	터		

27

C1	C2	C3	C4	C5	C6	C7	C8	C9
에[1]	어[11]	팟						
	벤			감[12]				
	져		조[2][13]	자	룡			
	스[3]	피[14]	커		소[4]	다[15]		총[16]
		아		레[17]		이[5]	선	균
	피[6]	노	키	오			어	쇠
아[18]				나[7]	이	지	리	아[19]
구[8]	구	단[20]		르				비
찜		무[9]	한	도	전			규
		지				방[10]	정	환

28

C1	C2	C3	C4	C5	C6	C7	C8	C9
조[1]	정	석[11]					뮤[2][12]	즈
		유[3]	산	슬[13]			지	
				퍼[4]	스	널[14]	컬	러
				지	뛰			피[15]
	삼[5][16]	고	초	려	기[6]	말	고[17]	사
	촌			하			드	
런[18]		선[7][19]	풍	기			름	
천[8]	연	덕		전		싱[20]		
미		여	에[9]	이	핑	크		
트		왕			대[10]	공	황	

121

29

	¹소	프11	라	노12				
		랑	²예	의	범13	절		
³마	우14	스			죄			
	유			⁴하	와	이		
					의			진15
아16		⁵별17	주	부	전			화
⁶마	이	동	풍		쟁		⁷드18	론
존		⁸선	정19	릉			라	
			유		⁹커20	리	큘	럼
		¹⁰루	미	큐	브		라	

30

¹백11	문	이12	불	여	일	견13		
예		기			²과	학	동	아14
린		주		³보	류			디
	⁴왕	의	남15	자				다
		이		호16		⁵메17	르	스
이18		⁶뚝19	섬		⁷떡	볶	이	
정		배				플		
⁸재	채20	기				스		
	송				⁹초	토	화	
	¹⁰화	약				리		

31

¹성	경₁₁		배₁₂		²도₁₃	우	너₁₄	
	포		³신	기	루		구	
⁴절	대	음₁₅	감			⁵시₁₆	리	얼₁₇
		주				장		음
		⁶운	수	대₁₈	통			땡
		전		조				
		흥₁₉		⁷영	원₂₀	한	사	랑
⁸세	미	콜	론		슈			
	진			⁹타	노	스		
	¹⁰진	격	의	거	인			

32

¹장₁₁	범	준				
독			셰₁₂		애₁₃	
²대	기₁₄	업	³익	명	플	
	생		스		워	
⁴충	치₁₅	⁵피	스	타	치	오₁₆
	⁶타	이₁₇	어			징
	병		⁷뱀	파₁₈	이	어
	⁸제₁₉	헌	절	파		
	삿			⁹고	수₂₀	
	¹⁰날	씨			건	

33

¹마	스₁₁	크						경₁₂	
	타		버₁₃					찰	
	²크	리	스	마₁₄	스		³시₁₅	청	률
	래		동				험		
⁴하	프		⁵석	기	시₁₆	대			
	⁶트	위₁₇	터			계			
		아				⁷사₁₈	슴		
	⁸모	래	성₁₉			유			
		시		⁹인₂₀	공	지	능		
		¹⁰경	기	도					

34

운₁₁					¹민	요₁₂	
²전	도	연₁₃		좋₁₄		르	
면	³어	머₁₅	니		⁴돛	단	배₁₆
허		쉬					틀
⁵증	거₁₇		⁶베	토	벤₁₈		그
	위	놈	⁷치	과			라
⁸여	의	도		프			운
꿈		겨₁₉	⁹레	모	네	이₂₀	드
	¹⁰블	루	투	스		영	
	기					표	

35

자[11]								
[1]전	문	가[12]		[2]일	망[13]	타	진	
거		[3]족	구		부		정[14]	
		오	[4]황	석	영[15]		글	
[5]손[16]	가	락			[6]어	림	짐	작[17]
열		[7]관	악	산[18]		토		은
[8]음	메[19]		전		익			아
	뚜		[9]수	사	반	장[20]		씨
	기		전		보			들
				[10]수	고			

36

[1]듣	똑	라[11]			아[12]			
		[2]면	사	포[13]	[3]재	택	근	무[14]
	레[15]		켓					더
	[4]드	래	곤[16]	볼	안[17]		[5]사[18]	위
	벨		드		압		랑	
	벳		레		[6]지	중	해	
			만				[7]도	덕
			드		송[19]		될	
	[8]스	트	레	스[20]	[9]은	비	까	비
			[10]릴	레	이		요	

37

1	2	3	4	5	6	7	8	9	10
해[1]	리	포	터[11]						
		만		백[12]			나[2]	이	키[13]
		감[3]	사[14]	합	니	다[15]			보
			자			큐[4]	알	코[16]	드
	김[5][17]	치				멘		뿔	
사[6]	연					터		소[7]	문[18]
	아[8]	기	공	룡	둘[19]	리			지
					레		피[9][20]	시	방
			지[10]	름	길		터		
							팬		

38

1	2	3	4	5	6	7	8	9	10
박[1]	찬[11]	호							
	송		발[12]						
	가[2]	요[13]	톱	텐		장[3]	군[14]		
독[15]		기					계		
서[4]	동[16]	요			토[5]	요	일		
	물		고[17]				학[6]	교	종[18]
	농		추[7]	리	소	설[19]			량
피[8]	장	파[20]	장			악			제
		김			성[9]	산	일	출	봉
	새[10]	치							투

39

(1)인(11)	천		스(12)					
터			(2)위	기		여(13)		
(3)넷	플(14)	릭	스		(4)보(15)	름	달	팟(16)
	러				릿		(5)부	캐
	(6)그	것	이(17)	알	고	싶	다(18)	스
			문		개	(7)이	마	트
(8)안	녕	하	세	요(19)		빙		
				리				
		(9)마(20)	녀	사	냥			
(10)테	이	블						

40

(1)비	누(11)	방	울(12)				
	구	릉					
	없	(2)도	미(13)	노		(3)웅(14)	녀
(4)목(15)	소	리	스			덩	
욕			(5)터	미	네(16)	이	터
탕	(6)콘(17)	센	트			네	
	치		롯		(7)치	토	스(18)
(8)클	로(19)	즈	업		(9)스(20)	킨	필
	켓				파		버
				(10)아	이	폰	그

41

들[1]	국[11]	화			대[12]	리	운	전
	민		앨[13]		들			
	연[3]	날	리	기	보[4]	배[14]		
현[5]	금	스		자[16]		달		
미		첼[17]		동[6]	물	의	숲	
경[7]	이	로	운[18]	소	문	민		
			동			족[8]	제[19]	비
	통[20]	화	중				왕	
	돌						절	
어[10]	이	가	없	네			개	

42

정[1]	세[11]	랑		오[12]		말[13]			
	종		산[2]	해	진	미			
	대					잘[3]	생	김[14]	
	왕[4]	좌[15]	의	게	임[16]			영	
		회			창			란	
	김[5]	전	일[17]		정[6]	글[18]	의	법	칙
			요			램			
	벌[7]	써	일	년		핑[8]	크[20]	퐁	
편[9]	집						루		
					셜[10]	록	홈	즈	

43

	¹마	데₁₁	카	솔₁₂			
이₁₃		프	의		보₁₄		
²월	드	콘		³눈	사₁₅	람	
상				이			
⁴품	앗	이₁₆		⁵비	밀	의	정	원
		⁶물	음	표₁₇			
	⁷물₁₈	질		창		무₁₉	
	레		⁸장	비₂₀		용	
⁹소	방	차		¹⁰와	신	상	담
	아			이			

44

¹리	듬	앤₁₁	블	루	스₁₂		박₁₃
		트			케		세
²개	그₁₄	맨		³줄	다₁₅	리	기
	저			시₁₆		크	
	께			⁴사	직	서	
방₁₇		⁵외₁₈	국	인		⁶클	라	리₁₉	넷
탄		줄				디	
⁷소	나	타			⁸지₂₀	오	다	노
년		⁹기	와	집		휘	
단				¹⁰모	자		

45

다[1]	사	다	난[11]		백[12]		
		알[2]	쓸	신	잡		
말[3][13]	라	리	아				
모		요				콩[14]	
이[4]	방[15]	인		콩[5][16]	쥐	팥	쥐
어		세[6][17]	미	나			솔[18]
율[7]	무[19]	차	물[8]	고[20]	기	자	리
	인		등				드
	도[9]	쿄		래			
			낱[10]	말	퍼	즐	

46

사[1]	생[11]	활		아[12]			
	방	점[2][13]	쟁	이	실[3][14]	수	
	송[4]	강[15]	호	유[5]	니[16]	클	로
		풀			코		폰
				라[6][17]	틴	어	
		영[7][18]	심	이			
티[8]	라[19]	미	수	온[9]	더	락[20]	
	라	증		킹		발	
	랜					라	
	드[10]	럼				드	

47

부	동	산		카			김
루		아	몬	드			유
마	켓	컬	리	캡	사	이	신
불		랑		터		영	
		낙	니	체	지	브	리
홍	길	동		리		런	
진		강		시	금	치	
호	빗				종		
	자				일		
	루	브	르	박	물	관	

48

조	성	진		편	뽀	로	로
	냥			의	뽀		스
	팔	번	지	점	프		앤
	이	케	아		링	컨	젤
	소		웃		글		레
	녀			스	타	벅	스
		페			이		
마	이	실	직	고	거	짓	말
케	이	스		두	우		
팅		북		심	벌	즈	

49

	과[1]	수[11]	원	길		팔[12]		
		동			말[2]	굽	자	석
맛[3]	탕[13]	태[4]	극[14]	기		혀		
	수		한			펴		
	육[5]	아[15]	휴	직	청[6]	기	백	기
		파	업		계			
	노[7]	트	북	개[8]	천	절[19]		
	브			츠		레		
	레	수[9][20]	제	비		절		
	인[10]	문	학			레		

50

백[1]	두	산[11]		쇼[2]	미[12]	더	머	니[13]
		타[3]	블	로		키		콜
누[14]		클			마[4]	패		키
나[5]	홀	로	집	에[15]		우		드
		스		어[6]	쿠	스	틱[16]	먼
			골[7]	프			톡	
		로[17]		라[8]	일	락		
헤[9]	밍	웨	이			가[19]		
드			어[10]	부[20]	지	리		
폰			억			비		

슈퍼 스도쿠 스페셜

퍼즐러 미디어 리미티드 지음
272면

슈퍼 스도쿠 인피니티

마인드 게임 지음
268면

슈퍼 스도쿠 프리미어

마인드 게임 지음
268면

슈퍼 스도쿠 마스터

퍼즐러 미디어 리미티드 지음
280면

**슈퍼 스도쿠 초고난도
200문제**

크리스티나 스미스 외 지음
336면

**슈퍼 스도쿠 500문제
초급 중급**

오정환 지음 | 312면

**슈퍼 스도쿠 500문제
중급**

오정환 지음 | 312면

**슈퍼 스도쿠 트레이닝
500문제 초급 중급**

이민석 지음 | 360면

**지적 여행자를 위한
슈퍼 스도쿠 200문제
초급 중급**

오정환 지음 | 272면

**큰글씨판 슈퍼 스도쿠
100문제 기초**

오정환 지음 | 128면

**큰글씨판 슈퍼 스도쿠
100문제 초급**

오정환 지음 | 136면

**큰글씨판 슈퍼 스도쿠
100문제 초급 중급**

오정환 지음 | 136면

**큰글씨판 슈퍼 스도쿠
연습**

오정환 지음 | 128면

**큰글씨판 슈퍼 스도쿠
初級**

오정환 지음 | 128면